KB189549

인생이 흔들릴 때

열반경 공부

일러두기

대승불교의 열반경 제목은 『대반열반경』이지만 소승불교에도 같은 제목의 『대반열반경』이
존재한다. 또 소승불교에는 다양한 열반경들이 있다. 이 때문에 이 책에서는 편의상 대승의
『대반열반경』은 『대승열반경』, 소승의 열반경들은 『소승열반경』이라 칭하고자 한다.

1

자현 스님의 경전 특강

인생이 흔들릴 때
열반경 공부

자현 지음

불광출판사

진정한 자유와 행복은 무엇일까?

족쇄가 끊어지면,
모든 하늘에 있는 존재는
그대로 새가 된다.
너와 나, 우리 모두는
움직이지 않는 변화를 밟고,
흔적 없이 존재하는
투명한 새가 된다.

우리는 새다.
애써 자유를 갈망하지 않더라도
있는 그대로가
모든 방향의 자유를 머금고 있는
흔적 없이 영원을 나는 새다.

새는 언제나 지금에서
영원을 나는 자로다!

우리는 행복할 수 있을까?

불교를 한마디로 정의한다면 '완전한 행복의 추구'가 아닐까 싶다. 완전한 행복이란, 죽음을 극복하는 불사不死와 통하는 가치로 유기체의 한계를 초월하는 영원의 화두다.

『대승열반경』은 인간의 본성을 직접적으로 가리키는 본질의 경전이다. 완전성을 드러내는 장대한 오케스트라, 그 영원으로 흐르는 웅장하고 장엄한 파노라마가 『대승열반경』에 있다.

열반을 통한 석가모니 부처님의 완전한 이상의 경지, 그리고 우리에게 내재한 불성의 조화는 지금 당장 우리를 대자유와 깨침으로 인도한다.

『대승열반경』은 반야사상의 『금강경』·『반야심경』이나 『화엄경』·『법화경』에 비해 단독으로의 유행은 적다. 그러나 동아시아 불교사상사에서 불성만큼 강력한 영향을 발휘한 사상은 없다. 이런 점에서 『대승열반경』은 오늘도 현존하고 있다.

『대승열반경』은 혜능의 남종선에 의해 '불성=현재의 열반(불성즉열반佛性卽涅槃)' 구조로 완성된다. 인도불교에서 핀 꽃이 동아시아에서 화려한 열매를 맺은 것이다.

이제 여러분을 불성의 향연으로 초대해 본다. 그곳에는 한 번도 시든 적 없는 황금꽃이 피어 있으므로….

중앙승가대학교 불교학연구원에서
일우 자현 筆

01
불교의 깨달음을 어떻게 볼 것인가?
열반에 대한 추구

01

불교의 깨달음을
어떻게 볼 것인가?

—

열반에 대한 추구

가섭보살아!
이 경전의 이름은 '대반열반'이니,
앞 구절도 좋고, 중간 구절도 좋고,
뒤 구절도 좋으니라.
의미가 매우 깊고 내용이 아주 좋아서,
순일하게 청정한 최상의 가르침을 갖추었느니라.

—

『대승열반경』 권3, 「6. 명자공덕품名字功德品」

위대한 광명을 '대열반'이라 이름하며,
대열반은 '항상하다'고 한다.
항상한 것은 인연으로 구성되는 것이 아니다.

—

『대승열반경』 권19,
「22. 광명변조고귀덕왕보살품光明遍照高貴德王菩薩品」

남은 자료의 정당성과
암송문화의 문제점

에드워드 카는 『역사란 무엇인가』에서 역사는 "과거와 현재의 끊임없는 대화"라고 말한다. 역사란, 오래된 사진처럼 시간의 경과와 더불어 빛바래고 단편적일 수밖에 없다. 그러므로 이를 통해 과거 전체를 구성하는 일은 불가능한 동시에 현재의 판단이 개입되지 않을 수 없다.

내가 죽은 뒤 수백 년이 경과한 다음 무덤에서 뼈로 발굴되었다고 가정해 보자. 뼈는 나를 구성하는 가장 단단하고 핵심적인 요소이다. 그러나 내가 살았을 때 나를 알던 사람들은 그 누구도 나의 뼈를 보고 나를 판단하지 않았다. 그들이 아는 나는 피부를 가지고 살아 있던 나로서, 뼈만을 '나'라고 할 수 없기 때문이다.

1,000조각으로 구성된 직소 퍼즐 중 여러 조각이 유실되어 일부가 남았다면, 그것이 전체 그림을 '대변'할지는 몰라도 결코 '완성'되었다고 할 수 없는 것과 마찬가지이다. 즉 남은 가치는 정당하지만, 흘러간 과거는 영원히 현재화될 수 없는 것이다.

역사를 '승자의 기록'이라 보는 측면도 있다. 과거에 벌어진 모든 내용이 기록으로 남을 수는 없는 상황에서 필연적으로 기록자의 왜곡이 존재할 수밖에 없다는 의미다.

불교의 기록인 경전은 어떨까? 일반적으로 최초의 경전 기록은 기원전 1세기에 스리랑카 마탈레에 위치한 빛의 석굴 사원 알루비하라Aluviharaya에서 이루어진 것으로 본다. 물론 전 인도를 최초로 통일한 아쇼카왕의 불교 진흥책으로 인해 불교 교단이 정비되는 과정에서 일부 문헌이 기록되었을 개연성도 존재한다. 또 초기불교의 출가자 가운데 지식인 비율이 높다는 점은 이들에 의한 일종의 메모와 같은 기록이 존재했을 가능성도 있다. 그러나 이는 불교 안에서 문화와 흐름을 만드는 일정 규모 이상의 체계적인 작업은 아니었다. 그러므로 이를 공식적인 경전 기록의 시작으로 삼지는 않는다.

오늘날처럼 영상을 녹화하는 시대가 아닌 이상 모든 기록은 학창 시절 선생님의 말씀을 필기했듯 중요도에 따라 취사선택한 기록일 수밖에 없다. 즉 가르치는 선생님도 중요하

:
스리랑카 알루비하라 사원. 기원전 1세기,
이곳에서 최초의 불교 경전이 탄생했다고 알려져 있다.

지만, 기록하는 학생의 판단도 중요한 것이다. 이를 보완하는 것이 학생들에 의한 교차 검증이다. 각자가 필기한 내용에 견주어 시험 문제가 될 포인트를 도출해낼 수 있기 때문이다.

『논어論語』는 공자 사후에 그의 제자들이 스승의 가르침을 논의해서 모은 일종의 추모 기록물이다. 그래서 책의 제목 자체가 '말씀에 대한 논의', '논의해서 지은 책'이란 뜻인 '논어'이다.

불교는 붓다의 열반 이후 붓다의 가르침을 '합송合誦'이라는 교차 검증법을 통해 전승하고자 했다. 이때 중심에 선 인물이 마하가섭이며, 장소는 마가다국 왕사성 외곽의 칠엽굴七葉窟이었다. 여기에 참여한 승려가 500명이었기 때문에 이를 '500 결집', 즉 '500인에 의한 경전 편찬 회의'라고 한다. 다만 당시 그들은 『논어』처럼 어딘가에 '기록'한 것이 아니라, 전승 필연성에 의한 합송(아가마Agama, 아함阿含)에 의해 '암기'로 전승했다. 이때 《아함경阿含經》(남방《니까야Nikāya》에 상응함)의 기본이 만들어지는데, 문제는 이것이 기록되기까지 이후 500여 년이나 걸렸다는 점이다.

인도불교에서 말하기를, 마치 '물병에 있는 물이 다른 물병으로 옮겨지듯이 그대로 전승된다.'라고 하지만, 이는 결코 사실이 아니며, 또한 사실일 수도 없다. 왜냐하면 인간의 기억이란 필연적으로 오류가 존재하기 마련이기 때문이다. 오늘날의 관점에서 '500년간 전승된 기억'이 그대로임을 믿는다는 것은 난센스가 아닌가 싶다.

또 불교의 '광범위한 지역으로의 확대(공간적)'와 '오랜 시간의 경과에 따른 문화적 변이(시간적)'는 전승된 내용에 변화를 가져올 수밖에 없다. 이 때문에 《아함경》《니까야》는 한 종류가 아니라, ①『잡아함경雜阿含經』(50권 1,362경, 『쌍윳따 니까야』에 상응) · ②『중아함경中阿含經』(60권 222경, 『맛지마 니까야』에 상응) · ③『장아함경長阿含經』(22권 30경, 『디가 니까야』에 상응) · ④『증일아함경增一阿含經』(51권 471경, 『앙굿따라 니까야』에 상응)의 네 가지 다른 체계와 방식으로 전승된다. 또 승단의 규율인 율장律藏 역시 남쪽과 북쪽으로 전해진 여섯 가지(남북전 육부율南北傳六部律), 즉 ①『사분율四分律』(60권) · ②『오분율五分律』(30권) · ③『십송율十誦律』(61권) · ④『마하승기율摩訶僧祇律』(40권) · ⑤『설일체유부율說一切有部律』(단일한 총서는 없고, 관련 문헌의 총합은 157권임) · ⑥『빨리율(Vinaya-Piṭaka)』로 서로 다르게 전승된다.

경전과 율장의 분화는 불교의 지역 확대와 시대 변화에 따른 대응, 그리고 이에 따른 자연스러운 변화의 결과이다. 암기는 기록이나 인쇄물과 달리 이러한 변화에의 대응에 있어 유리하다. 암송하는 개인들이 시대 변화에 유연하게 대처하기 편리했기 때문이다. 그러나 이와 동시에 이미 변화된 결과 속에서 원형을 추론하기가 불가능하다는 치명적인 단점이 존재한다.

예를 들어 책이 출판된 이후 개정판이 나온 경우라면, 우리는 양자의 대비를 통해 어떤 부분이 달라졌는지를 알 수 있다. 그러나 암송의 경우는 그 이전의 암송이 녹음 혹은 녹화 등으로 기록화되지 않은 상태에서 변화된 부분은 물론 그 원형을 추론하기가 어렵다. 마치 책으로 인쇄된 백과사전과 인터넷에서 누구나 수정, 업데이트가 가능한 위키백과의 차이라고 할 수 있다.

현존하는 붓다의 가르침은 붓다께서 제자들에게 설한 것을 제자들이 교차 검증을 통해 남긴 것, 그리고 그것이 약 500여 년 동안 암송되면서 변형되어 굴절된 결과물이다. 이로 인해 여기에는 필연적으로 ① '붓다께서 체계적으로 저술한 내용이 아니라는 점', ② '제자들에 의한 취사선택이 존재한다는 점', 마지막으로 ③ '시대의 변화에 따른 변형이 존재한다는 점'의 세 가지 문제가 존재하게 된다.

애매함이 초래한 발전과
교리 발달사

붓다는 논문을 쓰신 분이 아니다. 공자나 소크라테스 등도 마찬가지다. 이분들은 제자들과 필요에 의해 대화했고, 내용의 일부가 제자들을 통해 남게 된다. 이는 태생적으로 굴절이 일어날 수밖에 없는 구조이다. 그러므로 이러한 전승에는 불명확한 측면이 필연적으로 존재하기 마련이다.

붓다는 어떤 성현들보다 많은 말을 남겼다. 이는 붓다가 당대에 오래 살면서 거대 교단을 조직했기 때문이다. 즉 붓다의 현실적인 성공이 보다 많은 내용을 남기기에 유리했다는 것이다. 이는 교조의 사후에 차츰 거대해지는 공자의 유교나 예수의 기독교 등과 다른 불교의 한 특징이다.

그러나 "나는 이와 같이 들었다."라며 들은 이의 강한 주관을 전제해 시작되는 불교경전에는 명백한 한계가 존재하기 마련이다. 그것은 주관에 따른 오류 개연성이다. 이와 같은 문제를 보완하는 것이 제자들 간의 교차 검증, 즉 합송이다.

그러나 교차 검증이 타당성을 가지기 위해서는 붓다가 같은 주제로 여러 차례에 걸쳐 명료하게 이야기해야만 한다. 즉 여러 번 이야기하지 않거나, 불명료하게 반복된다면 교차 검증을 통해서도 의미 파악이 쉽지 않은 상황인 것이다.

공자의 가르침의 핵심은 누구나 아는 것처럼 '인仁'이다. 인이라는 말은 12,700자의 『논어』에 무려 109회나 등장한다. 그런데 아이러니하게도 인의 뜻은 명확하지 않다.

당시 인의 의미는 제자들이 알아듣기에 충분히 전달되었고, 이 때문에 제자들은 인의 개념에 대한 날카로운 질문을 하지 않았다. 그러나 현재 남은 『논어』의 내용만으로는 공자가 말하는 인의 의미를 명확하게 파악하기 어렵다. 이로 인해 유교는 발전을 거듭할 때마다 인에 대한 정의를 새롭게 한다. 즉 유교의 역사는 인의 의미에 대한 교리 발달사인 셈이다.

불교 또한 마찬가지다. 붓다의 깨달음이 '연기설緣起說'일 것이라는 점에는 대체로 동의한다. 그러나 이것이 100퍼센트 명확한 것은 아니다. 왜냐하면 붓다 스스로 '나는 연기로 깨달았다.'와 같이 종지부를 찍는 언급을 전혀 남기고 있

:
인도 라즈기르 칠엽굴 입구. 두 곳의 입구로 들어가면
일곱 곳으로 나뉘어지는 동굴들이 나타난다. 이 석굴에서 500여 명의 승려들이 모여
경과 율을 합송함으로써 1차 결집이 행해졌다고 알려져 있다.

지 않기 때문이다. 그러나 초기불교 이래로 연기설이 핵심이라는 점만은 모두가 인정하고 있다.

흥미로운 것은 유교의 인과 같이 연기설 역시 그 의미가 불분명하다는 점이다. 이 때문에 불교는 유교가 인의 의미를 분명히 하기 위해 노력한 것처럼, 각 발전 단계별로 연기설의 개념을 재정립하려고 노력했다. 부파불교의 ① 업감연기業感緣起와 대승불교의 ② 아뢰야연기阿賴耶緣起 → ③ 여래장연기如來藏緣起 → ④ 법계연기法界緣起, 그리고 밀교의 ⑤ 육대연기六大緣起 등이 그것이다. 즉 불교는 그 핵심인 연기의 해석과 관련된 교리 발달의 역사를 가지고 있는 것이다.

이는 '중도中道' 등의 핵심 개념에서도 확인된다. 대승불교의 최고 영웅인 용수(나가르주나Nāgārjuna)의 『중론中論』에서 정의되는 팔부중도八不中道(① 불생不生·② 불멸不滅·③ 불상不常·④ 부단不斷·⑤ 불일不一·⑥ 불이不異·⑦ 불래不來·⑧ 불출不出) 등은 모두 이러한 변화의 결과이다.

붓다가 직접 논문 같은 작업을 통해 중요한 개념들을 정리해 주었다면 어땠을까? 그럼 불교의 개념은 명확해졌을 것이다. 그러나 동시에 개념에 대한 닫힌 구조가 성립되면서 시대의 변화에 따른 변화 수용이 불가능해진다. 다시 말해 화석화되었을 것이다.

종교가 발전하기 위해서는 교조가 천명한 가치도 중요

하지만, 그에 못지않게 세상의 변화에 따른 능동적이고 유기적인 대처가 중요하다. 종교는 사회적 변화에 순응하는 동시에, 세상에 앞서 사회를 계몽하고 선善으로 인도해야 하기 때문이다. 이런 점에서 본다면, 초기불교가 내포한 불명확성은 불교가 이후 발전하는 데 있어 중요한 역할을 하는 아이러니를 내포하기도 한다.

인도불교는
왜 열반에 주목했을까?

불교의 목적은 열반涅槃(니르바나nirvāṇa)이다. 열반이라고 하면, 큰스님의 입적入寂(고요함으로 들어감), 즉 죽음을 떠올리는 경우가 많다. 그러나 열반이란 '완전한 깨달음'을 의미하며, 불교에서는 이 열반이 죽음(입적)과 함께 최종 완성(무여열반無餘涅槃, 반열반般涅槃)된다고 보았다. 이 때문에 열반에는 '완전한 깨달음'과 '입적(죽음)'이라는 두 가지 의미가 존재하게 된다. 다만 후대에 '완전한 깨달음'이란 확인이 어렵고, '입적', 즉 죽음은 확인하기 쉬웠으므로 열반의 의미가 점차 입적으로 기울게 된다.

예컨대 '선禪'이라는 한자에는 '고요하다', '터를 닦는다', '제사' 등의 의미가 있지만, 이 중 '고요하다'라는 의미의 선禪

이 대표적인 것처럼 말이다. 그러나 선은 본래는 터를 닦아 하늘에 제사를 지내는 '봉선封禪'의 의미였다. 이는 임금의 자리를 물려줄 때 쓰는 표현인 '선위禪位하다', '선양禪讓하다' 등을 통해서 확인해 볼 수 있다. 즉 선禪 자는 불교의 전래로 인해 한자의 대표 뜻이 바뀐 글자인 것이다.

인도말 니르바나의 번역어인 열반의 본래 의미는 '불을 끈다', 또는 '불이 꺼진 것'을 나타낸다. 초기불교에서는 우리 인식의 연결고리가 끊어져 탐貪·진瞋·치癡 삼독三毒과 번뇌의 불이 꺼진 것을 열반이라고 했다. 『잡아함경』 권34의 「962. 견경見經」 등에서 붓다는 다음과 같이 설명하고 있다.

붓다께서 바차에게 열반에 대해 말씀하셨다.

붓다 나는 네게 물으리니 마음대로 답하라. 바차여, (열반이란) 마치 어떤 사람이 네 앞에서 불을 사르는 것과 같다. 너는 그 불이 타는 것을 볼 수 있느냐? 또 네 앞에서 불이 꺼지면 너는 그 불이 꺼지는 것을 볼 수 있느냐?

바차 그렇습니다, 붓다시여.

붓다 만일 어떤 사람이 너에게 '아까는 불이 탔는데 지금은 어디 있는가? 동방으로 갔는가? 혹은 서방·남방·북방으로 갔는가?'라고 묻는다면, 너는 어떻게 대답하겠느냐?

바차 붓다시여, 만일 누가 그렇게 묻는다면 '나는 내 앞에서 불이 탄 것은 연료가 있었기 때문이다. 만일 연료를 공급하지 않는다면, 불은 사라져 다시는 일어나지 않을 것이다. 동방이나 서방·남방·북방으로 갔다는 것은 옳지 않다.'라고 답하겠습니다.

붓다 나도 또한 그와 같다. 즉 육체는 이미 끊어진 줄을 알고, 느낌·생각·지어감·의식도 이미 끊어진 줄을 안다. 그래서 그 근본을 끊은 것이 마치 나무의 몸통(줄기)을 끊은 것과 같아 다시는 회복될 요인이 없으니 앞으로 영원히 일어나지 않게 된다. 그런데 만일 동방이나 서방·남방·북방으로 갔다고 한다면 그것은 옳지 않다. 그것은 매우 깊고 넓고 크며, 한량이 없고 셈할 수 없어 영원히 사라진 것이다.

인용문을 보면, 연료 공급이 단절되어 불이 꺼진 것처럼 인식 관계의 끊어짐에 의해 사라져 다시는 반복(윤회輪廻)되지 않는 것이 열반임을 알 수 있다. 그런데 문제는 이렇게 불이 꺼진다는 개념은 현실을 직시하는 실질적인 것임에도 추상적인 모호함을 내포하고 있다는 점이다. 즉 선명함이 부족해 관념으로 흐르기 쉬운 구조라는 말이다.

이 때문에 열반에 대한 이해 역시 다양한 관점을 초래하게 된다. 이는 《아함경》에서 다수 발견되는 ① 중반열반中般涅槃·② 생반열반生般涅槃·③ 무행반열반無行般涅槃·④ 유행반열반有行般涅槃·⑤ 상류반열반上流般涅槃의 개념과 명칭을 통해서도 확인해 볼 수 있다. 또 후대에는 4종 열반이라고 하여, ① 본래자성청정열반本來自性淸淨涅槃·② 유여의열반有餘依涅槃(혹 유여열반)·③ 무여의열반無餘依涅槃(혹 무여열반)·④ 무주처열반無住處涅槃이 논의되기도 한다.

4종 열반 중 ② 유여의열반은 번뇌를 소멸했지만 육신이 존재해서 육체적 제한에 의해 자유롭지 못한 상황이 존재하는 것을 말한다. 즉 정신적인 열반은 얻었지만, 육체적 구속은 존재하는 '생명의 존속 상태'를 의미하는 것이다. 붓다께서 부다가야의 보리수 아래에서 35세에 깨달음을 얻고, 이후 80세까지 사셨던 기간이 이 유여열반에 해당한다.

③ 무여의열반은 유여열반에 든 분이 육체라는 한계, 또는 장애를 벗어나 어디에도 걸림 없는 완전한 상태를 얻은 것을 말한다. 붓다의 80세 열반이 바로 무여열반이다.

이 때문에 초기불교의 제자들은 부다가야의 깨달음보다 쿠시나가르의 열반에 더 높은 관심을 보였다. 당시 제자들에게 있어 열반을 얻는 것이 붓다를 따르는 이유이자 목적이었기 때문이다. 이러한 붓다의 80세 열반을 정리한 것이『소승열반경小乘涅槃經』이며, 이를 바탕으로 열반의 의미를 확장하고 사상적 완성도를 높여 재구성한 것이『대승열반경大乘涅槃經』(『대반열반경』)이다. 즉『소승열반경』이 '대상 자체에 대

:
인도 쿠시나가르 열반당. 붓다 열반의 땅이자 불교의 4대 성지로 알려져 있는
쿠시나가르에 세워진 곳으로 내부에는 열반상이 봉안되어 있다.

한 묘사로서의 구상화'라면, 『대승열반경』은 '의미의 해체를 통한 재구성으로서의 추상화'라고 이해하면 되겠다.

① 본래자성청정열반이란, 대승불교에서 말하는 '본질의 자각을 통한 완전성'으로서의 열반이다. 이는 우리 모두에게 자성청정성인 완전함이 본질에 내재한다는 것으로 '성선설性善說'이나 '불성佛性'과 같은 측면이라고 이해하면 되겠다. 즉 본래의 완전함을 자각해서 환기하면 그대로가 곧 열반이라는 본체론적인 열반론이다.

마치 구름이 태양을 가리어도 태양 자체는 어두울 수 없음을 자각하는 것이다. 지구에는 낮과 밤이 존재하지만, 태양에는 단 한 번도 밤이 없었던 것처럼 말이다.

④ 무주처열반은 대승의 보살사상이 강조하는 실천적인 열반론이다. 무여열반이 꿈속에서 꿈을 자각한 이가 깨어나는 것을 지향한 것이라면, 무주처열반은 꿈임을 아는 상태에서 자유롭게 꿈속의 고통받는 이들을 구원하는 변화의 열반관이다.

무주처열반에 든 보살은 지혜가 있으므로 그 무엇에도 얽매여 구속되지 않는다. 그러나 동시에 자비가 있으므로 무여열반에 들어 자신만 고통에서 벗어나려고도 하지 않는다. 마치 연꽃이 진흙 속에 있으면서도 더러움에 물들지 않은 채, 연못의 더러움을 맑히고 향기를 퍼트리는 것처럼 말이다.

이렇게 대승불교를 대표하는 관세음보살이나 지장보살은 집착 없는 대자비로 무한의 중생을 제도하는 것이다.

무여열반이 이 세계의 시끄러움을 탈피하는 깨어남과 고요에 대한 지향으로서 '정적靜的인 열반'이라면, 무주처열반은 시끄러움을 관통하며 중생 구제의 원력을 발하는 '동적動的인 열반'이다. 청나라의 건륭제가 일반인의 옷차림으로 민정을 시찰하며, 백성들의 문제를 해결해 주었다는 일화 같은 것(미복황제微服皇帝)이 바로 무주처열반이라고 이해하면 되겠다.

① 자성청정열반과 ④ 무주처열반은 대승불교에서 말하는 열반관으로 ①은 본체론적이지만, ④는 현상에 입각한 동적인 열반관이라는 점에서 차이가 있다.

열반과 해탈

불교에서 '열반'과 유사어로 사용되는 '해탈'은 본래 서로 다른 말이다. 열반이 '불이 꺼지는 것'을 나타내는 '니르바나'의 번역이라면, 해탈은 '벗어난다'는 의미의 '비목사vimoksa'의 번역이기 때문이다.

해탈은 새장에 갇힌 새가 새장으로부터 벗어나듯, 구속

과 속박으로부터 자유로워지는 것을 의미한다. 특히 열반이 붓다에 의해 새롭게 제시된 이상이라면, 해탈은 붓다 이전부터 존재했던 인도 수행문화의 공통된 목적이다.

해탈을 바라문교의 우파니샤드 관점에서 본다면, 인간의 내면에 갇혀 있는 신성인 아트만(ātman, 아我)이 수행을 통해 속박으로부터 벗어나 완전성을 자각한다는 해석도 가능하다. 마치 진흙탕에 떨어트린 금반지를 꺼내어 씻어내면 본연의 모습을 드러내는 것과 같다고 이해하면 되겠다. 즉 금처럼 빛나는 본연의 완전성이 번뇌와 욕망이라는 더러움에 가려져 있다가 그 속박으로부터 벗어나는 것이 해탈인 것이다.

이렇게 놓고 본다면, '문제로부터 벗어난다는 탈출 개념의 해탈'과 '불이 꺼졌다는 열반'은 사뭇 다른 개념임을 알게 된다. 그럼에도 불구하고 열반과 해탈이 오늘날의 불교에서도 혼용되는 것은 새롭게 제시된 열반의 개념이 뚜렷하거나 선명하지 않기 때문이다. 해탈, 즉 '문제로부터 벗어난다'는 것은 쉽고 선명한 데 반해, 열반은 그렇지 않다는 말이다.

물론 불교에서의 해탈 개념은 바라문교나 힌두교에서 말하는 속박된 아트만의 해방과 같은 의미가 아니라, 무지無知와 무명無明의 어리석음으로부터 벗어난다는 의미란 점에서 큰 차이가 있다. 즉 불교는 열반의 모호성을 불교 이전의 해탈 개념을 적절히 의미 전환해 사용함으로써 보완했던 것

:
인도 쿠시나가르 라마브하르 스투파.
붓다의 다비 장소로 알려져 있다.

이다.

열반과 해탈의 혼용은 한국불교에서는 오늘날까지 초기 불교의 오분법신五分法身을 응용한 오분향례五分香禮로 남아 있다. 그것은 ① 계향·② 정향·③ 혜향·④ 해탈(심해탈)향·⑤ 해탈지견(혜해탈)향이다. 해탈의 뜻을 바꿔 사용하기는 하지만, 그럼에도 불교의 열반 대신 해탈이라는 명칭이 사용된다는 점에 있어서는 아쉬움이 남는다.

물론 앞서 이야기한 연기나 중도와 마찬가지로, 열반이란 용어의 의미적 불투명성 때문에 이후 열반에 대한 사유는 깊어지며, 교리 역시 발전하게 된다. 불명료성이 만들어내는 마법이 아닐 수 없다. 마치 보는 이의 관점에 따라 다양한 방식의 이해가 존재할 수 있는 추상화처럼 말이다. 이런 점에서 해탈이 닫힌 결말이라면, 열반은 열린 결말의 교리이며, 전全 시대의 모든 이와 대화할 수 있는 살아 있는 개념일 수 있게 된다.

붓다를 이해하는
세 가지 관점
유여열반, 무여열반, 붓다의 탄생

붓다를 지칭하는 표현 가운데 '인간과 신들의 스승'이란 의미인 '인천사人天師'가 있다. 때론 '천중천天中天'이라고 해서 '신을 넘어서는 최고의 존재'로 불리기도 한다.

누군가는 붓다를 신과 같은 존재로 여기지만, 붓다는 신이 아니다. 그러나 깨달음을 통해 우주의 진리를 체득하고, 신을 능가하는 위신력을 가진 분, 즉 신보다 더 위대한 성인이 되신 분이다. '신을 능가하는 인간의 완전성', 이것이 바로 불교라는 인본주의 종교의 핵심이다. 적합한 비유는 아니지만, 마블의 영화 〈어벤져스〉에서 리더는 신인 토르가 아니라, 자기모순을 극복한 인간 아이언맨인 것처럼 말이다.

불교는 붓다를 맹목적으로 믿고 따르는 종교가 아니다.

붓다의 가르침을 이해하고, 삶을 올바르고 행복한 방향으로 나아가게 하려는 지혜의 실천이다. 그리고 그 궁극에는 내가 곧 붓다가 되는 목적이 존재한다. 이는 특히 대승불교에서 두드러지는데, 대승에서는 불교를 믿는 모든 이들을 '보살菩薩'이라고 부른다. 보살이란, 중생 구제의 실천행을 통해 붓다가 되는 '길(道) 위에 올라 있는 사람'을 의미한다.

수행의 완성, 유여열반

붓다 당시의 제자들과 부파(소승)불교의 승려들은 붓다와 같은 원대한 이상보다는 번뇌를 소멸하고 윤회로부터 벗어난 '아라한阿羅漢(arhat)'을 목표로 했다. 즉 붓다를 통해서 아라한이 되는 방법을 배우려고 했던 것이다.

후대의 종교화된 불교에서 붓다는 귀의의 대상이자, 가피加被를 주는 의지처로 작용한다. 그러나 초기불교에서 붓다는 수행의 완성자로서, 제자들을 올바른 각성으로 인도하는 성자의 측면만이 부각되곤 한다. 마치 이순신 장군을 직접 본 이들에게 이순신은 리더로서의 위상이 강하지만, 현대의 우리에게는 구국의 영웅으로 연상되는 것처럼 말이다.

붓다 당시 제자들은 붓다를 학교의 선생님처럼 가르침

:
인도 보드가야 마하보디사원. 붓다가 성도한 장소에 건립된 사원으로
불교의 4대 성지 중 하나이다.

을 주는 대상으로 인식했다. 이 가르침을 통해서 이들이 얻고자 한 결과는 아라한이다. 그러므로 이들은 붓다의 생애보다는 깨달음에 관심을 집중했다. 마치 학원을 다닐 때에 선생님이 가르쳐 주는 내용엔 관심이 있지만, 선생님 자체에는 이렇다 할 관심이 없는 것과 같다. 다시 말해 선생님을 통해서 얻을 수 있는 지식과 결과에 보다 관심이 집중되어 있는 것이다.

붓다의 제자들은 먼저 붓다가 35세 때 부다가야 보리수 아래에서 증득한 깨달음에 관심을 가졌다. 이를 '무상정등정각無上正等正覺', 즉 '더할 나위 없이 위대한 최고의 깨달음'이라고 한다. 실제로 『사분율』이나 남방불교의 『빨리율』 「대품大品」(「마하박가」)에는 붓다가 보리수 아래에서 얻은 깨달음에 대한 기록과 이후의 교화 과정이 상세하게 기록되어 있다. 즉 부다가야의 깨달음과 관련된 전후 상황이 잘 정리되어 있는 것이다. 이는 붓다의 제자들이 이 부분에 관심이 많았고, 이로 인해 일찍부터 이러한 내용들이 잘 정리되어 있었음을 알게 한다.

특히 이 기록이 별도로 붓다의 생애를 기록하고 있는 것이 아니라, 율장 안에 포함되어 있다는 점에 주목된다. 율장은 《아함경》과 더불어 가장 연대가 올라가는 원형적인(고층高層) 내용과 가치들을 다수 포함하고 있기 때문이다.

그러나 부다가야에서의 깨달음은 유여열반으로 완전한 것이 아니다. 이 때문에 제자들의 관심은 재차 붓다의 쿠시 나가르 열반인 무여열반으로 쏠리게 된다.

완전한 열반, 무여열반

세계에서 가장 널리 사용하는 기년법인 '서기'는 중세 기독교 문화와 결합된 산물로서, 대항해시대와 르네상스의 유럽이 얼마나 강력한 영향력을 발휘했는지를 나타내 주는 지표가 된다. 이때 서기는 예수의 탄생을 기준으로 설정한다.

물론 예수는 실존 인물이었는지 조차 의심받을 정도로 역사적으로 불투명한 인물이다. 생각해 보면 로마제국에 속한 예민隸民이던 유대인으로, 30세부터 33세까지 3년여 동안 활동하였고, 열두 제자를 거느린 정도로 인물의 실존을 증명하는 것은 녹록하지 않다. 더욱이 예수가 실존 인물이라 하더라도 『성서聖書』를 기반으로 그의 탄생연대를 기원전 7~4년으로 잡는 게 타당하다는 것이 현대의 신학적 관점이다 보니, 예수라는 존재의 불투명성 때문에 예수 탄생을 기점으로 하는 서기 기준에도 혼란이 존재한다. 물론 이것이 이미 일반화된 서기의 기준을 흔들 정도까지는 아니다. 마치 관촉사의 은진미륵은 사실 관세음보살이지만 미륵으로 유명세를 떨치며 좀처럼 인식이 바뀌지 않는 것처럼 말이다.

그렇다면 왜 기독교에서는 예수의 탄생을 기점으로 기준을 잡았을까? 이는 예수가 하느님의 아들인 신, 즉 완전한 존재로 태어났기 때문이다. 예수는 신이기 때문에 능력에 변화가 없는 완전성을 갖추고 탄생한다. 그러므로 기독교의 입장에서는 구원자로서의 예수 탄생이 중요한 의미 기점으로 작용하는 것이다.

지금은 잘 사용하지 않지만, 광복 이후 대한민국 정부 수립과 함께 사용된 우리 민족의 기년법인 '단기檀紀'가 있다. 단기는 기원전 2333년을 기준으로 하는데, 이는 고조선의 시조인 단군의 탄생연도가 아니라, 단군이 즉위한 치세 원년이다. 즉 고조선이라는 국가의 수립이 단기의 시작인 것이다. 이는 기년법의 기준이 단순히 탄생 기점이 아닌 의미에 초점이 맞추어져 있는 경우도 있음을 알게 한다.

불교의 기년법(불기佛紀)은 당연히 붓다를 기준으로 한다. 붓다의 생몰년과 관련해서는 동아시아의 북방불교와 스리랑카(서남아시아)·동남아시아의 남방불교 간에 이견이 있다.

북방불교에서는 붓다의 연대를 기원전 1027~948년으로 계산했다. 이에 반해 남방불교에서는 기원전 624~544년으로 추정한다. 이와 같은 충돌 상황에서 세계불교도우의회

(WFB, World Fellowship of Buddhism)에서는 남방불교의 주장을 수용하고, 1956년 네팔의 카트만두에서 열린 제4차 불교도대회에서 붓다의 열반 2,500년을 기념함으로써 남방불교의 주장이 일반화된다.

흥미로운 것은 불기의 기점이 붓다의 탄생연도인 기원전 624년이 아니라, 열반 때인 기원전 544년으로 하고 있다는 점이다. 붓다의 깨달음이 완전해지는 열반인 무여열반을 기점으로 불기를 비정한 것이다. 이 때문에 '유교의 공자(기원전 551~479) 탄생연도인 기원전 551년에 비해 붓다의 탄생이 늦은 것이 아니냐?' 하는 웃지 못할 상황도 벌어지곤 한다. 참고로 유교의 기년법인 '공기孔紀'는 최근에 만들어지는 과정에서 서기를 본떠 공자의 탄생 시점인 기원전 551년을 기준으로 했다. 이 때문에 열반 기점의 불기로 인해 탄생연대 간 역전 현상이 발생하며 해프닝이 빚어지는 것이다.

붓다의 열반(무여열반)이 불기의 기준이 된다는 점은 불교 안에서 열반이 차지하는 위상을 잘 나타내 준다. 이는 서로 대동소이한 산스크리트본·티베트본과 빨리본의 『디가 니까야』(『장아함경』에 상응) 속 「대반열반경」, 그리고 한문으로 번역된 다섯 종(『장아함경』 권1~4, 「유행경遊行經」·『반니원경』 전2권·『불반니원경』 전2권·『대반열반경』 전3권·『근본설일체유부비나야잡사』 권35~38)의 총 여덟 종에 달하는 열반경 문헌을 통해서 확인해

인도 쿠시나가르 열반당에 봉안되어 있는 열반상.

볼 수 있다.

붓다에 대한 이해와 중요도에 대한 판단은 경전 결집자인 제자들의 관점이 필연적으로 작용할 수밖에 없다.

초기 제자들에게 있어 열반은 그들의 목적인 깨달음과 관련된 가장 중요한 핵심이자 사건이다. 그러므로 붓다의 열반은 불기를 결정하는 중요한 기준이 된다. 한편 이와 같은 소승의 열반 문헌을 근거로 하여 사상적 지평을 확장하고, 불교의 목적인 깨달음을 적극적으로 제시하는 것이 바로 대승의 열반경이다.

붓다의 탄생과 신격화

부다가야의 유여열반과 쿠시나가르의 무여열반이라는 두 가지 관점 외에 이후 발생하는 불교의 종교화와 더불어 강력하게 대두하는 것이 붓다의 탄생에 대한 관심이다. 오늘날 불교의 최대 명절은 유여열반의 성도절成道節(음력 12월 8일)이나 무여열반의 열반절涅槃節(음력 2월 15일)이 아닌, 탄생일인 부처님오신날(음력 4월 8일)이다.

사자후보살 여래께서 탄생(4월 8일)하실 때와 출가(2월 8일)

하실 때, 그리고 깨달음을 얻으실 때(12월 8일)와 처음으로 미묘한 가르침을 펼치실 때(초전법륜初轉法輪) 모두 8일에 하셨는데, 어찌하여 열반에 드심은 15일에 하시나이까?

붓다 15일은 달이 이지러짐도 자라남도 없는 것이다. 그런 뜻으로 15일에 대반열반에 드느니라.

『대승열반경』권38, 「23. 사자후보살품師子吼菩薩品」

부처님오신날은 각각의 불교 전통에 입각하여 북방불교에서는 음력 4월 8일로 비정되고, 남방불교에서는 5월 15일로 기려지고 있다. 비록 날짜는 다르지만 불교의 최대 명절, 또는 기념일이 부처님오신날인 것만은 분명하다.

붓다 당시 제자들은 붓다의 탄신에 대해 큰 관심이 없었다. 이는 앞서 이야기한 바와 같이 붓다를 가르침을 베풀어 주는 교사와 같은 입장에서 보았기 때문이다. 선생님에 대한 관심에 따라 선생님의 생일을 기억할 수도 있다. 그러나 학생의 입장에서는 선생님 개인보다는 그분의 가르침과 그것을 통한 자신의 학습 성취가 더 중요하기 마련이다.

실제로 초기불교에 이러한 문제가 존재했기 때문에 오늘날까지 붓다의 탄신일과 관련하여 북방불교와 남방불교 간 날짜 차이가 발생하는 것이다. 붓다의 생애가 정비되는 것은 붓다의 열반 후 최소 100년에서부터 기원후까지에 달

:
네팔 룸비니 마야데비사원. 룸비니는 붓다의 탄생지로서
불교 4대 성지 가운데 하나이다.

하는 막대한 기간이다. 이러한 장시간에 걸친 작업이 필요했던 이유는 제자들의 관심 부족으로 초기 자료가 불분명했다는 점, 또 불교가 종교화되는 과정에서 붓다의 생애가 윤색·증광될 필연성이 발생했기 때문이다. 물론 여기에는 인도불교의 암송문화에 따른 불명확성 역시 한몫했다는 점은 재론의 여지가 없다.

불교가 종교화된다는 것은 붓다가 초기 제자들에게 교사로 받아들여진 것과 달리, 점차 신성한 교조로서 강조되었다는 것을 의미한다. 다시 말해 후대의 불교도들인 승려와 신도에게 있어 붓다는 본받을 만한 초인의 입장을 넘어 사람들의 바람을 이루어 주는 기원의 대상이 되었던 것이다.

붓다에게 발생하는 신격화는 붓다가 탄생 직후에 외쳤다는 탄생게인 "천상천하天上天下 유아독존唯我獨尊", 즉 '신과 인간 세계에 나만이 홀로 존귀하다.'라는 측면으로까지 발전한다. 이는 붓다의 전기가 편집되는 과정에서 바라문교나 힌두교 등 신을 믿는 종교를 떨쳐내고, 불교가 으뜸임을 강조하기 위해 첨가된 부분이다.

"천상천하 유아독존"은 붓다가 본래 완전한 존재였다는 것을 의미한다. 이렇게 되면 불교 역시 예수의 탄생연도를 기준으로 하는 서기력의 기독교 관점과 같은 시각을 가질 수 있게 된다. 깨달음을 통해 각성하는 것이 아니라, 태생부터

:
〈통도사 영산전 팔상도〉(보물) 중 '비람강생상'. 마야부인이 룸비니 동산에서
붓다를 출산하는 장면을 주로 묘사한 불화이다.

:
〈통도사 영산전 팔상도〉 '비람강생상' 상단에 붓다를 출산하는 마야부인(위)과 탄생
직후 사방으로 일곱 걸음을 걸은 후 하늘과 땅을 가리키며 '천상천하 유아독존'이라
외치는 붓다의 모습(아래)이 묘사되어 있다.

완전성을 갖추고 있음을 뜻하므로, 불교에도 탄생을 중시하는 관점이 만들어지는 것이다.

이러한 관점에서 쓰인 불교 문헌이 붓다의 전 생애를 기록한 경전, '불전佛傳(붓다의 전기)'이다. 이는『수행본기경修行本起經』전2권·『태자서응본기경太子瑞應本起經』전2권·『보요경普曜經』전8권·『방광대장엄경方廣大莊嚴經』전12권·『이출보살본기경異出菩薩本起經』전1권·『과거현재인과경過去現在因果經』전4권·『인과본기경』전1권·『중허마하제경衆許摩訶帝經』전13권·『불소행찬佛所行讚』전5권·『불본행경佛本行經』전7권·『승가라찰소집경僧伽羅刹所集經』전3권·『불설십이유경佛說十二遊經』전1권·『중본기경中本起經』전2권 등이다. 이와 같은 전기 자료 중 가장 방대한 총서와 같은 문헌이 바로 60권으로 된『불본행집경佛本行集經』이다.

이상을 통하여 우리는 붓다에 대해 제자들의 수행 목적하에 판단된 '부다가야의 깨달음을 중심으로 하는 유여열반'과 '쿠시나가르의 무여열반'의 두 가지 관점이 존재한다는 것을 알 수 있다. 또 불교의 종교화와 관련된 붓다의 생애에서 확인되는 탄생 중심의 전기류가 존재함을 알게 된다. 이 중 붓다의 제자들이 초기부터 가장 관심을 가졌던 것은 오늘날 불기의 기점이기도 한 무여열반이며, 후대의 종교화된 불교에서 비중이 커지는 것은 부처님오신날, 즉 탄신일이다.

탄신일과 열반일이 중요한 것은 생명체에게 있어 가장 중요한 것이 생사生死인 점과 직결된다. 동아시아 역시 생일과 기일을 기리는 문화가 있으니, 이는 유기체의 공통된 특질에 따른 공통점이라고도 하겠다.

그러나 탄생과 관련한 사건에 상징성을 부여할 수는 있어도 철학적 의미를 부여하기란 쉽지 않다. 갓 태어난 아이로부터 사상과 철학을 논할 수는 없지 않은가. 이러한 이유로 붓다의 의미성은 열반에 집중될 수밖에 없다. 바로 이 부분의 확장에서 우리는 대승불교의 『대승열반경』을 만나게 된다.

붓다의 열반이
기록된 문헌들

초기불교에서 승려의 출가 목적은 번뇌와 윤회를 넘어 열반이라는 대자유를 획득한 아라한이 되는 것이다. 이 때문에 제자들의 입장에서는 붓다의 열반에 관심이 높을 수밖에 없다. 이렇게 기록되는 경전들이 바로 앞서 언급한 여덟 종의 열반경이다. 이를 『소승열반경』이라고 한다.

① 산스크리트본 『열반경』
② 티베트본 『열반경』
③ 빨리본 『디가 니까야』, 「대반열반경」
④ 『장아함경』 권1~4, 「유행경」
⑤ 『반니원경』 2권

⑥『불반니원경』2권

⑦『대반열반경』3권

⑧『근본설일체유부비나야잡사』권35~38

이들 경전은 마가다국의 왕사성 주변에서 시작되어 붓다의 열반과 이후의 다비茶毘(화장) 및 사리 분배에 이르기까지 약 7개월에 이르는 과정을 시간의 변화에 입각해 세밀하게 기록하고 있다. 이를 시간순으로 나열하면 다음과 같다.

① 왕사성 주변에서 쇠망하지 않는 일곱 가지를 말씀하심(칠불쇠법七不衰法) → ② 파탈리 마을 → ③ 바이샬리에서 암바팔리 동산을 기증 받음 → ④ 바이샬리에서 3개월간의 안거를 지냄 → ⑤ 벨루바 마을에서 치명적인 병이 발생했으나 수행력으로 이겨냄 → ⑥ 바이샬리에서 3개월 뒤에 열반하실 것을 선언함(수행壽行(āyu-saṃkhāraṃ) 포기) → ⑦ 최후의 여정과 춘다의 마지막 공양 → ⑧ 카쿠타 강에서 춘다에게 위로의 말을 전함 → ⑨ 열반의 땅, 말라족의 쿠시나가르에 도착함 → ⑩ 슬퍼하는 아난을 위로함 → ⑪ 마지막 제자인 120세의 수바드라를 가르침 → ⑫ 아난에게 붓다의 장례와 사리탑 건립을 지시함 → ⑬ 열반과 입관 → ⑭ 마하가섭의 도착과 다비 → ⑮ 불사리의 분배

:
〈통도사 영산전 팔상도〉(보물) 중 '쌍림열반상'. 붓다가 사라쌍수 아래에서 열반에 드는
모습을 그린 불화이다. 하단에는 열반에 든 붓다와 슬퍼하는 제자, 권속들이 모여 있다.

:
〈통도사 영산전 팔상도〉 '쌍림열반상' 상단에는 붓다의 다비 장면(위)과 불사리 분배와
관련한 모습(아래) 등 붓다의 열반과 관련한 장면을 한 폭 안에 세세히 그려 넣었다.

붓다의 생애는 상당히 불투명하다. 이유는 두 가지 때문이다. 첫째는 붓다의 제자들은 깨달음을 목적으로 하였으므로 붓다의 생애에 대한 갈증이 크지 않았다는 점이다. 당시로서는 붓다께 물어보면 알만한 내용이었지만 이를 소홀히 했고, 이로 인해 불교가 종교화된 후대에 와 명확한 판단에 극복할 수 없는 어려움이 초래된 것이다.

둘째는 인도문화의 특징으로서 공간성은 중시하지만 시간성은 경시하는 측면 때문이다. 초기경전에는 붓다가 경전을 설한 장소, 예컨대 왕사성이나 사위성 등에 대한 부분은 명확히 남아 있다. 그러나 그 시기는 '어느 때'라는 막연한 표현으로만 남아 있는데, 이는 불교경전의 시작에 등장하는 육성취六成就를 통해서 판단해 볼 수 있다.

육성취는 ① 신성취信成就 · ② 문성취聞成就 · ③ 시성취時成就 · ④ 주성취主成就 · ⑤ 처성취處成就 · ⑥ 중성취衆成就를 의미한다.

아래는 우리가 잘 알고 있는 『금강경』의 시작 부분이다.

如是我聞 一時 佛在舍衛國祇樹給孤獨園 與大比丘衆
千二百五十人俱

여시아문 일시 불재사위국기수급고독원 여대비구중 천이
백오십인구

나는 이렇게 들었다. 어느 때 붓다께서는 사위국 기수급고
독원에서 뛰어난 비구 1,250명과 함께 계셨다.

위 구절을 육성취로 분류해 보면 다음과 같다.

① 여시 – 나는   … 신성취

② 아문 – 이렇게 들었다   … 문성취

③ 일시 – 어느 때   … 시성취

④ 불   – 붓다께서는   … 주성취

⑤ 재사위국 기수급고독원

  – 사위국 기수급고독원에서   … 처성취

⑥ 여대비구중 천이백오십인구

  – 뛰어난 비구 1,250명과 함께 계셨다 … 중성취

위를 보면, 처성취에 해당하는 '재사위국 기수급고독원(사위
국 기수급고독원에서)'라는 장소에 대한 부분은 명확하다. 그런
데 시성취는 '일시(어느 때)'라고 해서 시기에 대한 언급은 막
연하기 그지없다.

특이하게도 인도문화는 공간에 대한 인지는 발달해 있는 데 반해, 시간에 대한 개념이 없는 특징을 보인다. 그래서 인도를 '역사가 없는 나라'라고 부르기도 한다. 역사적 사실을 연대순으로 기록한 편년체 역사서인 『춘추春秋』 등을 보유한 중국과 같이 역사가 발전한 나라와는 차이가 크다.

흥미롭게도 인도역사에는 진시황에 버금가는 인도 최초 통일왕조인 마우리아왕조의 아쇼카왕에 대한 기록조차 불투명하다. 이 때문에 아쇼카왕과 관련된 중요한 연대를 당시 마우리아왕조와 교류했던 희랍의 기록을 통해 확인하는 일마저 발생한다.

불교도 예외는 아니다. 왕자 출신의 붓다가 거대한 수행교단을 만들고, 열반 후에는 여덟 개 나라의 왕들이 불사리를 모시기 위해 자칫 전쟁이 발발할 정도였음에도 기록이 불분명하다. 이 때문에 앞서 이야기했듯 붓다의 생몰년과 관련한 북방불교와 남방불교의 불일치 양상이 존재하는 것이다.

인물과 관련된 가장 기본적인 정보인 생몰년에도 큰 편차가 있다 보니 세부적인 연대를 파악한다는 것은 불가능에 가깝다. 그런데 붓다의 열반과 관련된 약 7개월의 기록만큼은 이동 동선의 파악이 가능할 정도로 매우 사실적이며 구체적이다. 이는 불교 기록물에서는 이례적인 것으로, 붓다의 열반 행로가 초기 제자들에게서부터 초미의 관심사였다는 점을 분명히 해 준다.

열반경은 그 중요도 때문에 단독 경전의 유통 외에 다양한 경전과 율장 속에도 수록되어 있다.

①『잡아함경』권35, 「제979경. 수발타라경須跋陀羅經」

②『잡아함경』권44, 「제1197경. 입멸경入滅經」

③『별역잡아함경』권6, 「제110경」

④ 빨리본『쌍윳따 니까야』, 「대반열반경」

⑤『증일아함경』권36, 「팔난품八難品 42-1의 3」

⑥『역사이산경力士移山經』전1권

⑦『사분율』권54, 「집법비니오백인集法毘尼五百人」

⑧『십송율』권60, 「오백비구결집삼장법품

五百比丘結集三藏法品 1」

⑨『마하승기율』권32, 「명잡발거법明雜跋渠法 10」

⑩『비니모경』권3

⑪『아바다나샤타카』

⑫『사만타파사디카』

이들 경전과 율장에 수록된 붓다의 열반에 관한 내용은 앞서 언급한 여덟 종의 단독 경전들에 비해서는 간결하다. 그러나 이 역시 붓다의 열반에 대한 제자들의 관심이 지대했음을 나타내 주는 하나의 방증 자료가 되기에 충분하다.

　그런데 다종의 열반 문헌에는 붓다의 쿠시나가르행 및 열반과 관련된 주변 상황들이 세밀하게 기록되어 있음에도 정작 핵심이 되는 '열반'에 대한 논의는 이렇다 할 것이 없다. 즉 현상적인 부분은 차고 넘치는데, 내용적인 측면은 부족한 것이다.

　이처럼 본말이 전도된 듯한 내용은 누가 봐도 이상하다. 이러한 '지대한 관심'과 동시에 존재하는 '내용 부족'이라는 불균형은 이후 확충되면서 초기의 『대승열반경』을 형성하게 된다. 이는 끓는 우유 표면에 유막이 발생하는 것 같은 자연스러운 발전이다.

　이 초기 『대승열반경』이 더욱 정미하게 전개되는 게 바로 대승불교의 『대반열반경(대승열반경)』 전40권이다. 즉 『대승열반경』은 초기불교와 소승(부파)불교의 『소승열반경』에 내포된 문제의식을 계승·발전시켜 확장·완성된 '결론'에 해당한다.

붓다에 대한 그리움과
성지 순례

『소승열반경』에는 붓다의 열반에 따른 불안과 이후에 닥칠 그리움에 대한 내용이 기록되어 있다. 『장아함경』의 「유행경」에는 붓다를 25년간(붓다의 55~80세까지) 모신 시자 아난이 붓다의 열반 이후 믿고 따르던 이들의 의지처가 사라졌을 때 어떻게 해야 하는지를 묻는 대목이 있다. 즉 유형의 의지처(붓다) 상실에 대한 물음이다. 이때 붓다는 4대 성지, 즉 ① 붓다의 탄생지인 룸비니와 ② 깨달음을 얻은 부다가야, 그리고 ③ 첫 설법지인 바라나시, ④ 열반처인 쿠시나가르를 순례할 것을 지시한다.

붓다가 실제로 4대 성지 순례에 대해 언급했는지는 불분명하다. 붓다가 이런 유형적이며, 교조적인 주장을 했을 가능성은 낮기 때문이다. 오늘날 종교화된 불교의 관점에서 4대 성지의 순례는 높은 정당성을 가진다. 그러나 초기불교의 입장에서 이는 개인의 수행보다 매력적이지 않다.

붓다의 열반 이후 200년 무렵에 등장하는 불교 군주 아쇼카왕에 의해 붓다의 성지들은 순례된다. 즉 이 시기에 불교의 성지 순례 인식이 존재하고 있었던 것이다.

또 불사리탑이 아쇼카왕에 의해 인도 전역으로 확대된다. 이때 불교의 핵심 지역(불교 중국 지역)은 불사리탑이라는 기득권을 잃게 되는데, 이에 따른 기득권 유지를 위해 4대 성지 중심의 정비가 이루어졌을 가능성도 있다. 즉 아쇼카왕 때 불교의 성지 순례에 대한 인식은 존재했지만, 이것이 불사리탑의 확대와 연결되어 핵심적인 성지 네 곳을 중심으로 재정비, 지금의 4대 성지로 완성되었을 수 있다는 말이다.•

아무튼 붓다 열반 이후 그의 제자와 불교도들은 의지처 상실에 대한 불안과 두려움을 가지고 있었을 것임이 분명하

• 첫 설법지인 바라나시 녹야원이 4대 성지로 비정되는 것은 불교가 종교화 되었음을 인지하게 한다. 즉 최초기의 4대 성지 인식은 아닐 수도 있는 것 이다. 우리는 녹야원과 경쟁하는 또 다른 4대 성지로 붓다의 출가와 관련된 장소가 있음을 알고 있다. 이는 오늘날까지 유전하고 있는 불교 4대 명절이 탄생(4월 8일), 출가(2월 8일), 성도(12월 8일), 열반(2월 15일)과 관련되어 있음을 통해서 판단할 수 있다. 이 4대 명절은 붓다의 생애에서 핵심이 되는 단일 한 키워드로 성립되어 있어, 붓다의 생애와 교단의 성립이 혼재되어 있는 4 대 성지에 대한 인식과는 차이가 있다.

:
인도 비하르주의 대림정사 중각강당에 위치한 아난다의
반신사리탑(오른쪽)과 아쇼카 석주(왼쪽).

다. 당시 불교는 새롭게 만들어진 수행 교단으로서 뚜렷한 후계자도 없는 상황이었다. 이 때문에 교조의 부재는 엄청난 위기의식으로 다가왔을 것이다.

참고로 불교 교단의 후계자 문제 역시 『소승열반경』에 등장한다. 아난은 붓다께서 벨루바 마을에서의 발병으로 건강이 급격히 악화되었다가 수행력으로 기적처럼 호전되자 교단의 승계자에 대한 질문을 한다. 시자인 아난으로서는 당연한 물음이었다.

이때 붓다께서 전하신 가르침이 그 유명한 "자등명自燈明 법등명法燈明"이다. 이 말은 곧 불교 교단에는 가톨릭의 교황과 같은 교단의 리더가 존재하지 않고, '자신을 등불로 삼고 진리를 등불로 삼을 뿐'이라는 뜻이다.

어떤 이들은 이 자등명 법등명의 가르침을 붓다의 마지막 유언으로 알고 있기도 하다. 그러나 이는 열반 3개월 전에 하신 것으로 그 내용 역시 교단과 관련된 지시 사항이었다. 참고로 붓다의 유언은 '끊임없이 노력하라'는 불방일不放逸의 메시지로 자등명 법등명과는 다르다.

자등명 법등명은 이후 불교가 다양성을 확보하며 발전하는 계기가 된다. 불교가 많은 경전을 가지게 되는 것 역시 교단을 통제하는 중앙 조직이 존재하지 않았기 때문이다. 특히 자등명 법등명에서 "법등명"인 진리가 우선되지 않고, "자등명", 즉 '나'가 중심이 되는 것은 불교의 다양성이 확대될 수밖에 없는 중요한 근거가 된다. 아무래도 판단의 주체가 객관적인 법(진리로서의 불법)이 아닌 '나'라는 개인이다 보니 이단을 규정하기 어렵고 개인성이 확대되기 쉬웠던 것이다.

8대 성지의 탄생

4대 성지는 이후 발전하는 과정에서, 붓다의 네 가지 핵심적인 신통神通과 관련된 ① 사위성, ② 곡녀성曲女城(상카시아), ③ 왕사성, ④ 바이샬리가 포함되면서 8대 성지로 늘어난다.

4대 성지가 붓다의 생애에서 가장 중요한 변곡점이라면, 뒤에 추가되는 네 곳은 붓다의 생애에서 위대한 신통이 펼쳐졌던 장소이다.

① 사위성 – 천불화현千佛化現 : 1천 붓다로 분신을 나툼

② 곡녀성 – 도리천 하강 : 천상에서 걸어서 내려옴

③ 왕사성 – 취상조복醉象調伏 : 제바달다가 붓다를 암살하기 위해서 풀어 놓은 술 취한 코끼리를 조복시킴

④ 바이샬리 – 수행壽行 포기 : 수명 연장을 포기하고,

　3개월 뒤에 열반에 들 것을 선언함

참고로 붓다의 전 생애에서 가장 강력한 신통은 사위성의 천불화현으로 이를 특별히 '대신변大神變(위대한 신통)'이라고 한다. 또 바이샬리는 후대에 대림중각강당大林重閣講堂에서 발생한 원후봉밀猿猴奉蜜(혹 원왕봉밀猿王奉蜜, 원숭이 왕이 꿀을 따서 받침) 사건의 장소로 이해되기도 한다. 그러나『팔대영탑명호경八大靈塔名號經』등에 의하면 수행 포기 장소로 보는 것이 타당하다.

　『팔대영탑명호경』에서 확인되는 '붓다를 추모하는 신령한 영탑이 조성되어 있던 성지' 여덟 곳을 간략히 정리해 보면 다음과 같다.

① 가비라성 – 용미이원시불생처

　迦毘羅城 – 龍彌儞園是佛生處 : 룸비니 – 탄생

② 마가다국 – 니련선하보리수하불증도과처

　摩伽陀國 – 泥連河邊菩提樹下佛證道果處 :

　부다가야 – 깨달음(성도 – 유여열반)

③ 카시국 – 바라나성전대법륜처

　迦尸國 – 波羅奈城轉大法輪處 : 사르나트 – 초전법륜

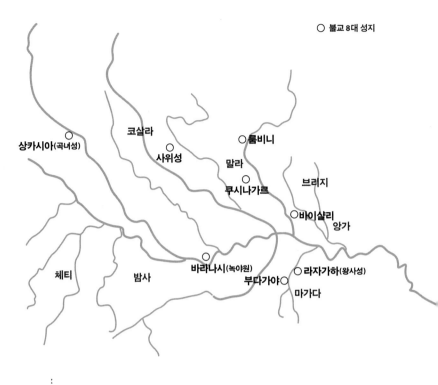

상카시아 (곡녀성)

코살라

사위성

룸비니

말라

쿠시나가르

브리지

바이샬리

앙가

체티

밤사

바라나시 (녹야원)

부다가야

라자가하 (왕사성)

마가다

○ 불교 8대 성지

:
불교의 8대 성지.

④ 사위국 – 기타원현대신통처

舍衛國 – 祇陀園現大神通處 : 사위성 – 천불화현

⑤ 곡녀성 – 종도리천하강처

曲女城 – 從忉利天下降處 : 상카시아 – 도리천 하강

⑥ 왕사성 – 성문분별불위화도처

王舍城 – 聲聞分別佛爲化度處 : 왕사성 – 파승가의 극복과

취상조복

⑦ 광엄성 – 영탑사념수량처

廣嚴城 – 靈塔思念壽量處 : 바이샬리 – 수행壽行 포기

⑧ 구시라성 – 사라림내대쌍수간입열반처

拘尸那城 – 娑羅林內大雙樹間入涅槃處 :

쿠시나가르 – 열반(무여열반)

『팔대영탑명호경』이 가리키는 여덟 곳, 즉 8대 성지에 건립된 탑은 기념탑(차이티야)일 뿐 붓다의 사리를 모신 불사리탑(스투파)이 아니다. 즉 8대 성지는 불사리보다 장소로서의 신성성이 작용하는 것이다.

장소를 강조했다는 것은 붓다께서 직접 다니신 지역의 권위를 높이는 것과 관련된다. 즉 아쇼카왕이 전국에 사리탑을 건립함으로써 불사리의 권위를 잃은 불교의 핵심 지역에 장소로서의 신성성을 부각, 순례의 의미를 강조한 것이 확대

:
인도 기원정사.

되었을 수 있는 것이다.

성지 순례의 공덕이 강조되면서 권위와 이익을 얻는 지역은 붓다께서 친히 거닐며 교화하셨던 지역이다. 이런 점에서 순례를 강조한 주체 역시 이 지역과 관련된다는 점만은 분명하다.

참고로 8대 성지 외에도 장소로서의 신성성을 간직한 곳으로는 붓다께서 오랫동안 머무시며 가르침을 설한 장소가 있다. 이를 '붓다께 공양하는 향 연기가 끊이지 않는 곳'이라는 의미의 '여래향실如來香室'이라고 한다. 대표적인 곳으로는 사위성의 기원정사, 왕사성의 영축산, 바이샬리의 녹야원 등이 있다.

붓다의 사리를
어떻게 볼 것인가

『소승열반경』에는 장소로서의 성지 외에도 유형물로서 성물
聖物의 의미가 강하게 드러난다. 그것이 바로 사리舍利다.

　'사리'라 하면 흔히 다비, 즉 화장 때 나오는 구슬 모양의
수행 결정체라고 생각하기 쉽다. 그러나 『소승열반경』을 보
면 사리란 붓다의 법구法軀(유해, 시신)를 포괄하는 넓은 개념
이다.

　또 이 경전에는 붓다의 다비와 관련해 '향수를 부어 끈
다'는 대목이 확인된다. 이는 화장 과정에서 뼈를 잘 수습하
기 위한 조처로서, 오늘날의 생각과 달리 붓다 당시 사리는
화장 때 수습되는 뼈, 즉 영골靈骨(신령한 뼈)이었던 것이다.

　이 때문에 아쇼카왕은 『소승열반경』에 언급된 여덟 개

:
근본8탑 가운데 현존하는 것으로 추정되는 피프라와탑. 탑에서 출토된
붓다의 사리(골편)는 인도 뉴델리의 인도국립박물관에 모셔져 있다.

나라에서 불사리를 모셔 가 세운 사리탑 중 콜리족(붓다의 외가 종족)의 랑그람탑을 제외한 일곱 곳의 탑을 열어, 소위 8만 4천 탑으로 언급되는 많은 탑을 인도 전역에 건립할 수 있었다. 만일 불사리가 구슬과 같은 것이라면 이를 쪼개어 다수의 탑에 봉안한다는 것은 불가능하다.

이는 현재 인도 뉴델리의 인도국립박물관에 모셔져 있는, 석가족이 모신 피프라와탑(근본8탑 중 하나로 추정)에서 출토된 불사리를 통해 확인해 볼 수 있다. 이 불사리를 보면 사리란 구슬 형태와는 거리가 먼 골편骨片임을 알게 된다.

참고로 구슬 형태의 사리는 후대에 주장된 새로운 사리 개념인데, 이는 불사리가 이 세상이 멸망할 때 마니주摩尼珠로 바뀐다는 후대의 불교 전설에 입각한 변형이 아닌가 한다. 동아시아 북방불교의 대표적인 진언 중 하나인 '옴 마니 받메 훔'은 '오! 연꽃 속의 마니주여!'라는 의미인데, 여기에서의 마니주는 바로 불사리가 세상이 사라질 때 질료가 바뀌면서 만들어지는 사리 구슬이다.

『아비달마구사론阿毘達磨俱舍論』 등에는 흑연이 고온과 고압을 받게 되면 다이아몬드로의 질적 변화가 이루어지는 것처럼, 불멸의 불사리는 세계가 사라지는 상태가 되면 물리적인 변화를 일으켜 마니주로 바뀐다고 한다. 이는 불사리의 불멸성과 영원성 강조가 인도신화와 결합되는 과정에서 만

:
피프라와탑에서 출토된 붓다의 뼈 사리(靈骨).

들어지는 이야기로 생각된다.

불사리는 불탑과 함께 『소승열반경』의 중요한 소재 중 하나가 된다. 붓다의 열반과 관련해 반대급부의 유형적인 의지처로 불사리와 불탑의 강조가 확인되는 것이다.

실제로 불사리탑은 대승불교와 관련해서도 중요한 구심점 역할을 한다. 이는 『대승열반경』의 성립에도 영향을 주는 『법화경法華經』(『묘법연화경妙法蓮華經』) 권4의 「11. 견보탑품見寶塔品」 등을 통해서 확인해 볼 수 있다.

일본의 히라카와 아키라[平川彰]는 대승불교의 기원이 불사리탑과 관련된 불탑 숭배와 관련된다는 불탑기원설佛塔起源說을 주장하기도 했다. 현재의 대승불교는 당시 부파(소승)불교의 발전과 변화 과정에서 경전이 문자화(성문화成文化)되는 등 인도불교 내부의 변화에 의한 새로운 종교 운동에 따른 것으로 이해된다. 하지만 그럼에도 불구하고 불사리와 불탑이 대승불교와 관련해 중요한 축을 담당하는 것은 분명하다. 왜냐하면 대승불교의 경전에 불사리탑에 대한 언급이나 이에 관한 표현 혹은 내용들이 다수 등장하기 때문이다.

『소승열반경』에는 '4대 성지(공간)'와 '불사리 – 불탑(영골과 무덤)'이라는 두 가지의 '유형'적인 의지 대상이 등장한다. 그러나 불교는 붓다의 가르침을 중시하는 진리의 종교가 아닌가. 실제로 『금강경金剛經』에는 "수보리여! 이 경의 사구게

만이라도 설해지는 곳은 그곳이 어디든 모든 세상의 천신과 인간 그리고 아수라가 공양할 붓다의 탑묘(불사리탑)임을 알아야 한다."라고 하여 강조하고 있다. 그런데 이어지는 구절에서 "하물며 이 경 전체를 받아 지니고 읽고 외우는 사람이랴!"라 하여 사구게를 포함하는 『금강경』 전체는 불사리탑보다도 훨씬 위대한 가치를 가진다는 점을 분명히 하고 있다.

이는 불탑 신앙에 반대하는 진리 중심적 관점이 반야사상을 전지傳持하는 『금강경』에 존재하고 있다는 것을 분명히 해 준다. 즉 불교는 불사리나 불탑처럼 형상을 띤 상징물이 아닌 붓다의 가르침이 핵심이라는 '무형상주의'를 주장하고 있는 것이다.

실제로 불교의 판단 기준이 되는 사법인四法印을 보면 진리에 입각한 무형상주의이지, 여기에 형상적인 측면은 존재하지 않는다.

① 제행무상諸行無常

모든 현상은 고정되어 있지 않고 변화한다.

② 제법무아諸法無我

모든 현상에는 불변하는 실체가 없다.

③ 일체개고一切皆苦

우리가 경험하는 꿈 같은 현상세계는 무가치한 가상(고

통)일 뿐이다. 시간의 흐름 속에서 유기체는 늙고, 병들고, 죽는 존재적 숙명인 고통 속에 존재한다.

④ 열반적정涅槃寂靜

깨달음의 완성은 고요하고 안온한 행복이다.

이는 사의四依, 즉 네 가지 의지할 대상을 통해서도 확인된다.

① 의법불의인依法不依人

진리에 의지하고, 사람에 의지하지 말라.

② 의의불의어依義不依語

뜻에 의지하고, 말에 의지하지 말라.

③ 의지불의식依智不依識

지혜에 의지하고, 알음알이에 의지하지 말라.

④ 의요의경불의불요의경依了義經不依不了義經

온전히 진리를 드러낸 경전에 의지하고, 미진한 경전에는 의지하지 말라.

사의는 가섭보살의 언급으로 『대승열반경』의 권6에서도 확인된다는 점에서 흥미롭다. 이는 『소승열반경』에서 확인되는 형상주의(불사리, 불탑)에 대한 비판인식으로서의 변화가 느껴지는 측면이기 때문이다. 즉 『대승열반경』에는 『소승열반경』의 형상주의적 기조에 비판적 논점으로서 무형상주의적 기조가 강화되면서 더욱 풍부한 사상적 구성을 이룩하고 있는 것이다.

『대승열반경』의 성립은 열반에 대한 높은 관심에도 불구하고 이렇다 할 사상 제시가 되지 않은『소승열반경』에 대한 문제의식이 그 출발점이 된다. 그러나 열반경의 특성상 그 시작은 불사리라는 붓다의 몸, 즉 불신佛身과 관련된 형상론일 수밖에 없다. 즉 열반경은 형상의 상징물로 시작해 무형상의 진리로 나아가는 변화 양상을 보이게 되는데, 이의 결과물이 바로『대승열반경』이라고 이해하면 되겠다.

열반은
결코 소멸이 아니다

열반은 '타는 불을 끄는 것'이나 '불이 꺼진 상태'를 의미한다. 이런 점에서 열반을 '완전한 소멸'과 같은 관점으로 보는 것도 어느 정도는 가능하다.

그러나 열반이 완전한 소멸이라면 불교는 소멸을 추구하는 종교가 된다. 그럼 '불교의 수행 목적은 소멸인가?'라는 문제가 남게 된다. 한편 완전한 소멸은 살아 있는 생명이라면 누구나 가지고 있는 '행복 추구'의 방향과도 충돌한다. 즉 이해가 쉽지 않은 구조다.

더욱이 불교가 점점 더 종교화되어 갈수록 붓다는 광화문의 세종대왕이나 이순신 장군 같은 위인에 그쳐서는 안 된다. 이제 붓다는 중생의 바람을 들어주는 초월적인 그 무엇이어야만 한다. 즉 종교화된 불교에서 붓다의 열반은 완전한 소멸이어서는 안 되는 요청 구조가 강하게 존재하는 것이다.

열반을 완전한 소멸로 보는 관점은 불교의 교조인 석가모니불을 '과거불'로 규정하는 모습을 통해서 일정 부분 확인해 볼 수 있다. 현장은 당 태종에게 올린 국정보고서인 『대당서역기大唐西域記』 권2·4·5·6·7·8·9·10·11과 개인 기록인 『자은전慈恩傳』 권2·3·4에서 여러 차례에 걸쳐 당시 인도불교가 '구류손불 → 구나함모니불 → 가섭불 → 석가모니불'을 과거사불로 인식했다는 기록을 남기고 있다.

과거불에는 이미 지나간 단절의 의미가 존재한다. 실제로 이와 같은 문제 때문에 대승불교에서는 아미타불이나 약사여래처럼 열반에 들지 않고 현재 살아 있는 붓다에 대한 추구가 존재하게 된다. 또 관세음보살이나 지장보살 등의 보살 역시 모두 열반에 들지 않은 구원자들이다. 이로 인해 대승불교권인 우리나라는 기원의 대상으로 주로 관세음보살을 찾지, 석가모니불을 찾는 경우는 거의 없다. 어떤 면에서 석가모니불은 부처님오신날에만 찾는 이벤트적 요소로 존재할 정도이다.

사실 열반이 완전한 소멸이라는 것은 불교가 비판하는 제한적 판단, 즉 단견斷見이다. 열반은 윤회를 끊어 벗어났지만, 그렇다고 결단코 소멸은 아니며 소멸이어서도 안 된다.

그런데 문제는 앞서 언급한 것처럼 열반의 개념이 뚜렷하지 않다는 점이다. 이 때문에 해석의 다양성과 열반에 대한 여러 가지 관점들이 생겨나게 된다.

실제로 『대당서역기』 권6의 쿠시나가르 관련 내용에는 '삼종출관三從出棺'이라 하여 붓다가 열반해 입관한 뒤에도 세 차례나 관 밖으로 몸을 움직인 내용이 있어 주목된다. 그것은 첫째, 관 밖으로 팔을 내민 것으로 이는 아난에게 운구의 길을 가르쳐 주기 위함이다(초출비初出臂 문아난치로問阿難治路). 이 부분은 아난을 장례의 주관자이자 교단의 책임자로 인정한다는 의미가 있어 부파불교의 아난학파에서는 매우 중시한 대목이다.

둘째는 관에서 일어나 앉은 것으로 어머니 마야부인을 위해 가르침을 주기 위함이다(차기좌次起坐 위모설법爲母說法). 참고로 마야부인은 붓다를 생산하고 7일 뒤에 사망하는데, 이후 도리천에 태어나 신(도리천중忉利天衆)이 된다. 이로 인해 붓다의 열반 때 천상에서 내려와 헤어짐의 고통 속에 눈물을 주체하지 못했다. 이 모습은 팔상도 여덟 폭 가운데 쌍림열반상도 등에서 꾸준히 묘사되는 불교회화의 단골 소재이다. 이때 붓다는 관에서 몸을 일으켜 유기체는 언젠가 죽음을 맞으며 헤어질 수밖에 없다는 존재적 숙명에 대한 가르침을 설하신다. 둘째 출관은 이것을 말하는 것이다.

:
〈열반도〉(14세기, 일본, 미국 메트로폴리탄미술관 소장). 붓다의 열반을 소재로 한
이 불화의 상단 오른편에 슬피 우는 마야부인의 모습이 묘사되어 있다.

082

:
〈통도사 영산전 팔상도〉(보물) 중 '쌍림열반상' 부분. 붓다가 몸을 일으켜 마야부인에게
설법하는 장면(위)과 마하가섭이 도착하자 관 밖으로 발을 내밀었다는 곽시쌍부의
장면(아래)이 묘사되어 있다.

셋째는 관 밖으로 두 발을 드러내 마하가섭에게 보여주신 것이다(후현쌍족後現雙足 시대가섭파示大迦葉波). 이 사건은 후에 중국 선불교에서는 삼처전심三處傳心(영축산의 염화미소, 바이샬리의 다자탑전반분좌, 쿠시나가르의 곽시쌍부) 중 '곽시쌍부槨示雙趺'로 이야기되는 부분이다.

붓다의 법구는 입관되었으나 장례의 주관자인 마하가섭이 아직 오지 않아 아난의 다비 시도에도 관은 불붙지 않았다. 그러다 마하가섭이 뒤늦게 도착하자 관 밖으로 발이 나와 예배할 수 있도록 하고, 예배가 끝나자 발이 들어가며 관에 저절로 불이 붙어 다비가 이루어졌다고 한다. 이 내용은 부파불교의 마하가섭학파에서 불교의 정통성이 마하가섭에게 있다는 주장과 결부된 전승이다.

:
공주 동학사 대웅전 팔상도 벽화 중 쌍림열반상.
관 밖으로 발을 내놓은 붓다의 모습이 묘사되어 있다.

즉 앞선 첫째의 아난에게 팔을 보였다는 것과 대비되는
것으로, 붓다의 열반 이후 장례와 교단의 주관자에 대한 아
난과 마하가섭의 대립에 관한 내용인 것이다. 참고로 이 대
립은 마가다국 왕사성에서 열린 1차 결집(칠엽굴 결집)과 마하
가섭의 계족산 입정으로까지 이어진다.

마하가섭과 아난의 대립은 후에 인도불교가 '마하가섭
→ 아난'으로 계승되는 것으로 절충점을 찾는다. 또 이는 중
국불교의 천태종(25조 금구상승설金口相承說)과 선불교(28조 전
등설傳燈說)로 수용되며, 오늘날까지 동아시아불교의 불상과
불화 등에 붓다의 협시로서 마하가섭과 아난이 좌우에 시립
한 모습으로 유전되고 있다.

그러나 『십송율』 권60의 「오백비구결집삼장법품五百比

:
경주 불국사 대웅전 내부 불상. 본존불인 석가모니불을 중심으로
미륵·제화갈라보살과 마하가섭, 아난이 시립해 있다.

丘結集三藏法品 1」에는 '천신天神이 붓다의 관棺을 열고 염습을 풀어 헤친 것'으로 되어 있어 곽시쌍부와는 다른 내용에 주목된다. 이는 마하가섭이 늦게 당도했고, 이 과정에서 입관되어 있던 붓다에게 예배하기 위해 관을 열었던 사건이 후대 곽시쌍부의 내용으로 윤색된 것일 개연성을 환기하기 때문이다.

삼종출관이 중요한 것은 후대 인도불교 안에서 붓다는 열반을 통해 완전히 소멸하는 것이 아니라, 움직임도 가능한 모종의 실체로 존재한다는 점을 나타내기 때문이다. 즉 붓다는 열반 후에도 존재하는 현재적인 초월성인 것이다. 이는 후대 불교도들의 종교적 요청과 교단의 정통성과 관련된 측면이 작용하면서 이루어낸 결과였을 것으로 추정된다.

그러나 과거사불에 대한 인식, 즉 '과거불'과 열반 후에도 신령하게 작용하는 붓다, 즉 '현재불'의 상반된 인식이 같은 시대 인도불교 안에 공존하고 있었다는『대당서역기』의 기록은 인도불교 안에서 열반에 대한 이해의 혼란한 모습을 잘 나타내 준다.

대승경전에는 열반한 붓다가 삼종출관을 넘어 불탑 안에 있으면서도 자신의 의지로 움직이며, 말도 하는 모습으로 나타나기도 한다. 이는『법화경』권4「11. 견보탑품見寶塔品」의 다보여래의 움직임을 통해서 확인해 볼 수 있다. 다보여래는 열반한 이후에도 붓다에 의해 『법화경』이 설법되면 대지에서 솟아 나와 증명하는 것으로 되어 있다. 「견보탑품」에는 석가모니가 『법화경』을 설법하자, 이를 증명하기 위해 다보탑이 나타난다. 이후 석가모니와 다보여래는 다보탑 안에 나란히 앉아 진정한 가르침을 공유한다.

이와 같은 상황을 묘사한 것이 중국 낙양 운강석굴 등에 묘사된 이불병좌상二佛竝坐像이다. 또 이는 경주 불국사의 석가탑과 다보탑으로 묘사되며, 통도사 영산전의 〈견보탑품도〉 등을 통해서도 확인된다.

『대승열반경』에는 초기불교의 열반 개념인 '불을 끈다'거나 '불이 꺼진 것'을 변화시킨 모습이 잘 나타나 있다. 즉 초기불교의 문제의식을 극복하며 새로운 시대의 필연성으로 재정리하는 것, 이것이 『대승열반경』의 열반 개념 변화를 통해서 잘 드러나고 있다.

예전 붓다께서는 '불이 꺼지면 사라지는 것 같이 번뇌를 멸한 것도 그와 같으므로 열반이라 한다.'라고 하셨는데, 어찌하여 지금은 '(열반은) 항상 머무는 법이어서 변화하지 않는다.'라고 하십니까?

『대승열반경』 권4, 「7. 사상품四相品」

:
중국 운강석굴에 자리한 이불병좌상. 석가모니불과 다보여래가 법담을 나누는 듯 나란히 앉아 있다.

선남자여! 안개와 구름이 해와 달을 가리면 어리석은 사람은 해와 달이 없어졌다고 말한다. 그러나 해와 달은 존재하지만 구름에 가리어 보지 못하는 것일 뿐이다. 성문 제자도 이와 같아 번뇌가 지혜 눈을 덮어 여래를 보지 못하면서, 여래가 열반에 들었다고 말하는 것이다.

선남자여! 여래가 방편으로 열반으로 끝나는 것 같은 행을 보이지만, 이는 결코 멸도한 것이 아니다. 선남자여! 이 세계(남섬부주)에 해가 졌을 때 중생들이 보지 못함은 가리어진 것이지, 해는 본래 지는 것이 아니다. 다만 중생들이 보지 못하므로 졌다는 생각을 내는 것일 뿐이다. 성문 제자도 그와 같아 번뇌의 산이 가리어 내 몸을 보지 못하는 것이며, 보지 못하는 연고로 여래가 멸도한다는 생각을 내지만 나는 진실로 끝까지 멸도하는 것이 아니다.

『대승열반경』권23, 「22. 광명변조고귀덕왕보살품」

:
경주 불국사 석가탑(국보)와 다보탑(국보).
불국사 석가탑은 석가모니불을 다보탑은 다보여래를 상징한다.

:
〈양산 통도사 영산전 견보탑품도〉(보물). 다보탑 안에 나란히 앉아
가르침을 공유하고 있는 석가모니불과 다보여래가 보인다.

사리와 불탑에서
철학적 대안으로의 변화

불교를 ① '진리' 중심으로 이해할 것이냐, ② '붓다' 중심으로 이해할 것이냐 하는 것은 불교의 오랜 논점 중 하나다.

　① 전자(진리 중심)와 관련해서 진리의 상징인 연기 계송, 즉 '이것이 있으므로 저것이 있고, 저것이 있으므로 이것이 있다. 이것이 소멸하므로 저것이 소멸하고, 저것이 소멸하므로 이것이 소멸한다(차유고피유此有故彼有 차무고피무此無故彼無 차기고피고此起故彼起 차멸고피멸此滅故彼滅)'를 '법신사리法身舍利'라고 하여, 탑에 봉안한 예가 기원 전후 남인도의 탑 유적에서 다수 발견된다. 이는 '진리의 가르침=법신사리'라는 인식으로 후일 대승불교에서 『무구정광대다라니경無垢淨光大陀羅尼經』이나 『보협인다라니경寶篋印陀羅尼經』 같은 조탑경전

:
경주 불국사 삼층석탑 사리장엄구(국보) 중 『무구정광대다라니경』. 현존하는
우리나라 조탑경전 가운데 가장 대표적인 유물로서, 8세기 중엽에 간행된,
현재까지 알려진 세계에서 가장 오래된 목판인쇄물이다.

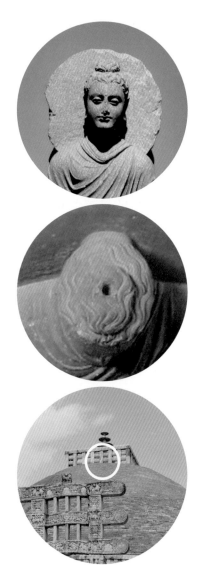

:
(위) 간다라불상과 (가운데) 정수리 육계 부분의 홈. 이 구멍에 사리를 모셨다.
(아래) 산치대탑 꼭대기에 조성된 평두. 이곳에 사리를 모셨다.

造塔經典(탑을 조성할 때 불사리 대신 사용하는 경전)으로 발전한다.

② 후자(붓다 중심)의 관점이 발전하는 과정에서 가장 중요한 특이점은 기원 전후 서북인도 간다라에서 시작되는 불상의 탄생이다. 그런데 흥미로운 것은 붓다가 열반하신 지 500년이 지난 시점에서 누구도 역사적인 붓다가 어떻게 생겼는지 알지 못했다는 것이다. 이 때문에 불상은 예배 대상으로서의 권위를 확보하기가 쉽지 않았다. 현대에 광개토대왕을 그렸다고 했을 때 그 초상화에 역사적 권위를 부여할 수 없는 것과 같다. 이는 현대의 시각으로 새롭게 창작한 것일뿐, 광개토대왕을 직접 반영하지 못하기 때문이다.

이 문제를 극복하기 위해 간다라에서는 불상의 정수리를 파 불사리를 봉안하기도 했다. 즉 불사리의 권위를 통해 불상의 위상을 확보하고자 한 것이다. 참고로 불상의 정수리 육계 부분에 불사리를 봉안하는 것은 불탑의 상륜부인 평두(하미카harmika)에 사리를 모시는 것에 영향받은 것이다. 즉 불탑의 권위가 불상으로 이식되는 모양새다.

또 붓다의 생김새는 이러이러했다는 기준, 즉 '32상 80종호'를 만들기도 한다. 우리가 흔히 인물이 좋다고 할 때 '상호相好가 좋다'는 말을 사용하기도 하는데, 여기에서의 상호가 바로 32상 80종호를 줄인 말이다.

32상 80종호는 성스러움에 대한 인물 묘사이다. 즉 불상의 조상彫像 형식, '붓다는 어떠해야 한다'는 당위성에 대한 부분인 것이다. 이러한 후대의 개념 규정인 32상 80종호는 붓다의 일부인 불사리에 비할 바가 아니다. 또 여기에는 불사리는 유한적이고 제한된 성물이지만, 32상 80종호의 표현은 대량 복제가 가능한 측면이 존재하기 때문이다.

사리를 강조하는 양상은 연기게송을 법신사리로 여겨 탑에 봉안하는 경우와 불상의 정수리에 불사리를 봉안하는 경우 모두에서 확인된다. 즉 두 경우에서 사리라는 유형적인 측면이 존재하는 것이다. 물론 법신사리는 물질적인 사리와는 다른 진리로서의 의미가 강하다. 그러나 한 번 더 생각해 보면 법신사리라는 명칭 자체가 사리를 모사하는 또 다른 방식일 뿐이다. 즉 법신사리 역시 사리 추구의 범위를 벗어나지 못한다는 말이다.

마치 천연 다이아몬드를 대체하는 실험실의 인공 다이아몬드와 같은 것이다. 인공 다이아몬드 역시 다이아몬드의 추구라는 점에서 바뀐 것은 없다. 즉 법신사리 역시 진리적 측면보다는 사리라는 유형적 가치에 더 집중한 개념인 것이다.

인간의 본질에 대한 추구와 물질적 한계

인간의 본질은 무엇일까? 그것을 '정신'이라고 말하는 이들도 있다. 하지만 육체를 떠나서 정신은 존재할 수 있을까? 달리 비유하자면 소프트웨어는 하드웨어 없이도 작동할 수 있을까? 아니면 소프트웨어의 구동에 있어서 하드웨어는 필수적일까?

종교나 철학의 관점은 육체를 여읜 정신을 상정한다. 불교의 윤회론이나 기독교의 천국 등이 이를 바탕으로 하고 있다. 그러나 오래전의 과거에도 인류는 과연 이런 생각을 했었을까?

과거로 거슬러 올라가면, 인류는 눈에 보이는 물질에 대한 의존도가 더 크게 나타나곤 했다. 이는 물질로부터 독립한

정신 개념을 상정하기가 어려웠기 때문이다. 마치 미술이 거의 전시대를 거쳐 현상에 대한 모사에 집중하다가 현대에 들어와서야 추상화나 인상화(인상주의)가 대두하는 것처럼, 문명의 발전이 성숙하지 않고서는 정신적 가치에 대한 판단의 비중이 커질 수 없다.

붓다 당시 인도인들이 이 세계를 구성한다고 생각했던 지地(흙)·수水(물)·화火(불)·풍風(바람)은 희랍의 철학자 엠페도클레스가 주장한 흙·물·불·공기와 유사하다. 또 희랍의 탈레스가 주장한 이 세계의 본질로서의 물이나, 헤라클레이토스가 주장한 불 등도 모두 현상에서 우리가 쉽게 접하는 대상이다. 이는 춘추전국시대春秋戰國時代에 제기된 오행五行, 즉 목木(나무)·화火(불)·토土(흙)·금金(금속)·수水(물)에서도 확인된다. 즉 현상적인 물질에 기반한 사고가 고대로 갈수록 보다 뚜렷하게 목도되는 것이다.

실제로 붓다와 동시대에 발생한 자이나교에서는 영혼의 핵심인 지바jīva를 현상적인 요소의 개념으로 보았다. 또 바라문교에서는 영혼의 핵심에 해당하는 아트만ātman이 인간의 내면에 겨자씨처럼 존재한다고 판단하기도 했다. 이와 같은 지바나 아트만의 영향으로 인해 『대승열반경』은 불성을 지바나 아트만과 동일시하며 실체로 인식하는 모습을 보이기도 한다.

붓다 성인이 아닌 사람이 아트만에 대해서 크고 작은 다양한 모습으로 추론해 본다. 겨자씨(혹 돌피) 같다거나, 쌀이나 콩 내지 엄지손가락 같다고 하기도 한다. 이것은 여러 가지의 망상과 억측이다. 이러한 망상에는 진실함이 없다.

『대승열반경』 권8, 「12. 여래성품如來性品」

붓다 선남자여(가섭보살)! 아트만이 곧 여래장의 뜻이니, 일체중생의 모두에게 불성이 있다는 것(일체중생 실유불성一切衆生 悉有佛性)이 아트만의 뜻이다. 이 아트만이 본래부터 항상 무량한 번뇌에 덮여 있으므로 중생들이 보지 못하는 것이니라.

『대승열반경』 권8, 「12. 여래성품」

붓다께서 설하신 인연의 모습을 보면, 다시 일체중생에게는 여래성如來性이 있다(일체중생一切衆生 유여래성有如來性). 나의 아트만과 지바(수명壽命)는 무너지지 않나니, 마음에 중도中道가 있으므로 '내 몸 중에 불성이 있어, 나는 마땅히 붓다가 된다.'라고 한다.

법현 역, 『대반니원경』 권3, 「10. 분별파사품分別邪正品」

붓다 당시 인도인들이 생각한 본질은 더 이상 쪼개지지 않는 근본 요소였다. 이것을 희랍의 데미크리토스는 원자(아톰)라고 정의했다. 불교에서 오온五蘊·십이처十二處·십팔계十八界와 같은 온·처·계의 요소설을 주장하는 것 역시 여기에 해당한다.

붓다는 바라문교와 달리 안아트만anātman의 무아설無我 說을 주장했기 때문에, 불교에는 지바나 아트만 같은 영혼의 본질(불변의 실체)이란 존재하지 않는다. 그럼에도 오온·십이 처·십팔계의 항목을 보면, 정신적인 의意와 식識(인식)이 다른 요소들과 대등하게 하나의 요소로 자리하고 있는 것을 볼 수 있다. 즉 정신에 대한 판단은 존재하지만, 아직 물질적인 것으로부터 완전히 벗어난 것은 아니라는 말이다.

삼과설三科說

- **오온**

① 색色(존재) · ② 수受(감수) · ③ 상想(연상) · ④ 행行(반응) ·

⑤ 식識(의식)

- **십이처**

① 안眼(눈)-색色(색) · ② 이耳(귀)-성聲(소리) · ③ 비鼻(코)-

향香(냄새) · ④ 설舌(혀)-미味(맛) · ⑤ 신身(몸)-촉觸(감촉) ·

⑥ 의意(생각)-법法(추상, 상상, 공상 등)

- **십팔계**

① 안-색-안식眼識(눈의 판단) · ② 이-성-이식耳識(귀의 판단)

·③ 비-향-비식鼻識(코의 판단)·④ 설-미-설식舌識(혀의 판단)·⑤ 신-촉-신식身識(몸의 판단)·⑥ 의-법-의식意識(생각의 판단)

영혼이나 정신을 물질로부터 독립한 다른 존재로 인식하는 것은 사후세계를 현실세계와 분리하는 것과 연관된 이해로 생각된다.

사후세계는 현대인에게 지금의 현실과 단절된 죽음 이후의 공간 또는 세계로 여겨진다. 그러나 고대로 가면, 헤라클레스가 사후에 하데스의 저승세계(지하세계)를 오가는 것처럼 이 세계의 바깥쪽에 사후세계가 존재한다는 인식이 보편적이었다. 이는 불교의 우주론에서도 확인되는데, 신들의 세계인 천상세계는 이 세계의 중심에 있고, 지옥은 가장 바깥쪽의 변방에 위치한다. 희랍신화 속 신들의 세계인 올림포스산과 하데스의 저승세계도 이와 비슷한 구조이다.

사후세계가 이승과 단절된 것으로 이해되기 시작한 것은 기원후의 일이다. 인류는 오랫동안 이승이라는 현실에 관한 인식만 있었고, 그에 기반하지 않은 다른 세계에 대한 생각은 어려웠다. 이에 따른 혼란의 흔적은 기독교에서도 확인된다. 예수는 부활해서 천국에 살아 있는 존재인 동시에, 천국은 죽은 이들이 가는 사후세계기도 하기 때문이다. 즉 '사후세계는 이승의 연장 세계라는 고대의 관념'과 '사후세계는 이승과 단절된 세계'라는 후대의 관념이 불명확하게 혼재되어 있는 것이다.

하기야 유교에서는 오늘날까지도 죽은 조상에게 이승의 음식을 제공하는 제사를 올리고 있으니, 사후세계를 이승과 분리하는 인식이 성립된 지 2,000여 년 후에도 사후세계에 관한 혼란은 아직까지 정리되지 않고 있는 셈이다. 그래서 귀신은 사후세계에 속해 있으면서도 우리가 사는 세계에 나타날 수 있는 것이며, 예수 역시 사후의 천국을 관장하면서 휴거를 통해 지상에 재림할 수 있다는 판단이 성립하는 것이다.

인류가 사후세계를 상정하기 어려웠던 것은 보이지 않는 세계를 가상으로 설정해야 했기 때문이다. 영혼이나 정신도 비슷하다. 즉 물질을 기반으로 하는 것이 아닌 사유는 인류문명이 발전하기 전까지는 구체화되기 어려운 고차원적인 생각이었던 것이다.

붓다는 요소들의 관계성(연기설)에 집중한 고정불변한 실체를 거부하는 무아설(안아트만)을 주장한다. 그러므로 불교에는 영혼의 독립성과 관련된 특정한 실체가 존재할 수 없다. 마치 한강이 끊임없이 흐르고 변화하는 물줄기로서만 자기 정체성을 확보할 뿐, 고정된 특정한 모습(불변)의 한강은 존재하지 않는 것처럼 말이다. 우리들 자신도 변화하는 상태를 의미할 뿐, 특정하게 고정된 그 무엇은 아니지 않은가. 즉 이 우주와 존재는 언제나 흐를 뿐 고정되어 있는 것이 아니라는 말이다.

무아설은 실체적인 특정한 무엇을 지칭하지 않는 개념이라는 점에서 이해가 어려웠다. 특히 무아설 이전, 실체적이고 구체적인 개념을 가지고 판단했던 이들(자이나교의 지바, 바라문교의 아트만 등)에게 무아설은 머리로 이해될 수 있어도 기존에 가지고 있던 관점을 완전히 떨쳐 버리기는 어려운 상황이었다. 마치 텔레비전이나 냉장고처럼 공장 출하 시부터 정체성이 뚜렷한 가전제품에만 익숙하다가, 컴퓨터나 스마트폰처럼 사용자에 의해 다양한 프로그램들이 깔리며 새롭게 재설정되는 전자기기의 사용에는 어려움이 따르는 것처럼 말이다.

후대의 불교도들이 인간의 본질을 육체 안에서 찾던 과거의 판단을 수용하는 모습을 보이는 것도 이 때문이다. 이것이 바로 단단한 뼈와 관련된 사리 숭배와 이에 의존하는 문화가 유지되는 원인이다.

최고의 불사리 기준과
불탑의 전성시대

사람의 몸에서 가장 단단한 게 본질이라는 인식은 고대의 전 全 문화권에서 발견된다. 이로 인해 뼈를 숭배하는 문화가 나타나는데, 그중에서도 중요한 것은 대퇴골이나 두개골처럼 단단하고 큰 뼈다.

신체에는 뼈보다 단단한 조직으로 치아가 있다. 이 때문에 치사리(치아 사리) 같은 개념 역시 대두한다. 그러나 치아는 태어날 때부터 갖추어진 게 아니다. 또 6~7세쯤 유치가 빠지고 성치가 나며, 나이 들면 성치가 빠지기도 한다. 즉 단단하기는 하지만 치아를 인간의 본질로 보기에는 무리가 있는 것이다. 그럼에도 치아의 단단한 특징 때문에 치사리 같은 측면으로 오늘날까지 유전되고 있다. 참고로 한국불교에서 치사

:
고성 건봉사에 모셔져 있는 붓다의 치사리.

리를 봉안한 사찰로 대표적인 곳은 고성의 금강산 건봉사다.

문화권에 따라서는 심장이나 간을 중요하게 보기도 한다. 하지만 심장과 장기는 사람이 죽으면 뇌와 함께 가장 먼저 부패하는 취약성을 가진다.

실제로 오늘날의 관점에서 볼 때, 머리에서 중요한 것은 두개골보다는 뇌다. 그러나 본질을 견고함에서 찾던 고대 인도인의 판단에서 뇌보다는 두개골, 즉 정골사리를 더 높이 친다. 정골은 머리라는 콘트롤 타워로서의 상징성과 단단하고 큰 뼈라는 판단 조건을 모두 충족하기 때문이다. 참고로 한국불교에서 정골사리를 모신 곳으로 유명한 곳은 양산의 영축산 통도사다. 참고로 후대에는 뇌의 중요성도 인식되면서, 뇌사리에 대한 이야기도 더해진다. 우리나라에서 뇌사리가 모셔진 곳은 오대산 중대의 적멸보궁과 설악산 봉정암의 불뇌보탑이다.

생각해 보면, 치사리나 정골사리 모두 골편일 뿐 우리가 흔히 생각하는 구슬 모양의 수행 결정체가 아니다. 그럼에도 이들이 사리의 대표성을 가진다는 것은 사리 숭배가 본래는 뼈 숭배와 관련된 문화였음을 알게 해 준다.

:
양산 통도사 대웅전 및 금강계단(국보). 붓다의 정골사리를 모신 곳으로
붓다의 진신사리가 봉안되어 있는 오대적멸보궁 중 하나이다.

:
평창 오대산 중대 적멸보궁(보물). 오대적멸보궁 가운데 하나로
붓다의 뇌사리를 모셨다고 전해진다.

:

인제 봉정암에 자리한 불뇌보탑. 정식 명칭은 '인제 봉정암 오층석탑'(보물)이다.
설악산 자락에 자리한 봉정암 또한 오대적멸보궁 중 하나이다.

고대 인도의 장례 풍습

인도에서 뼈 숭배와 관련된 사리 신앙이 발달하는 것은 고대 인도의 장례 풍습이 화장 또는 시다림(시타림, 한림寒林)과 같이 공동 구역에 시신을 유기하는 형태이기 때문이다.

화장은 필연적으로 뼈를 수습하는 과정을 거치게 된다. 또 시신의 유기 역시 시간이 지나면 백골이 노출되고 나뒹구는 상황이 생기기 마련이다. 즉 동아시아의 매장문화에서는 뼈가 노출되기 쉽지 않지만, 인도의 장례문화에서는 시신의 뼈가 노출되기 쉬운 상황에서 뼈 숭배가 쉽게 발생할 수 있었던 것이다.

참고로 수식관數息觀(숫자를 세면서 호흡을 조절하는 수행법)과 더불어 초기불교의 대표적인 수행법인 백골관白骨觀은 유기된 시신의 부패 과정을 보면서(혹은 떠올리면서) 육체의 무가치함을 관조하는 관법이다. 이러한 백골관을 관념적으로, 즉 머릿속에서 그 과정을 그리고, 변화를 관조하며 집착을 털어내면 무상관無常觀이 된다.

인도의 장례 풍습에서 시체를 유기하는 방식은 잔인성과 혐오의 문제를 야기하기 때문에 후대에는 화장으로 통일된다. 즉 백골관의 조건이 사라지는 것이다. 또 붓다 당시 백골관을 수행하는 과정에서 공포를 이기지 못하는 사람들도 있었으므로 불교의 주류 수행법은 수식관으로 변모하게 된다.

추모탑의 조성

고대 인도의 특징적인 장례문화는 뼈 숭배와 사리 신앙이 대두하는 배경이 된다. 그런데 이렇게 노출되는 뼈를 방치하는 경우도 있지만, 경제력이 좋은 이들은 추모 과정에서 뼈를 모아 추모탑을 조성하기도 한다.

이러한 탑 조성에 있어 일반적인 인도인의 관점과 불교 간에 이견이 있다. 일반적으로는 경제력이 좋거나 기릴만한 대상이면 탑을 만드는 것이 가능하다는 인식이다. 전자는 빔비사라왕의 어머니 탑을 통해서 확인해 볼 수 있고, 후자는 많은 아들을 낳아서 부러움을 산 여성을 기리는 탑인 바이샬리의 다자탑多子塔(혹 천자탑千子塔)을 예로 들 수 있다.

그러나 불교는 깨달음을 성취한 성자(아라한)여야만 탑을 세울 수 있다고 판단한다. 실제로 『십송율』 권47에는 가류라 제사의 탑을 누이들이 만들었지만, 가타 비구가 성자가 아닌 자의 탑은 세워져서는 안 된다며 파괴하는 이야기가 나온다. 또 『소승열반경』에서는 붓다·벽지불·아라한·전륜성왕만이 탑을 세워 기릴만한 분임을 분명히 하고 있다. 즉 붓다 당시 인도에는 탑의 건립과 관련하여 '추모'의 의미와 '존경'의 의미, 두 가지가 공존하고 있었으며, 불교는 이 중 존경의 의미로만 탑의 대상을 한정하고 있는 것이다.

:
사리불과 목건련의 이름이 새겨진 사리기가 출토된 산치 3탑.

불탑은 불사리를 수납하기 위한 추모 기념물이다. 이런 점에서 핵심은 당연히 불사리가 된다. 붓다의 가르침도 중요하지만 경전이 문자로 기록되는 것은 기원 직전쯤의 일로서 500여 년 동안 경전은 암송의 대상이었을 뿐이다. 이는 불사리나 이를 수납하는 불탑처럼 유형적인 대상일 수 없다. 즉 인도불교에는 불사리와 불탑의 독주 시기가 무려 500여 년간 이어져 온 것이다. 이후 기원 전후에 새롭게 등장하며 불사리, 불탑과 경쟁하는 것이 서사화된 경전과 유형물인 불상이다.

탑에 법신사리, 즉 경전을 넣는 것은 당연히 경전이 문자로 쓰인 이후의 일이다. 이런 탑을 사리탑인 스투파stūpa와 구분해 차이티야caitya, 즉 경탑이나 '추모 성소'라고 한다.

불사리 중심에서
정신적인 가치로의 변화

동아시아의 제사문화에서는 '위패'와 '무덤' 중 무엇을 더 중요시할까? 위패는 돌아가신 분의 정신에 대한 상징이다. 이에 반해 무덤은 비록 주검이기는 하지만 실질적인 육체가 모셔진 곳이다. 위패는 상황에 따라 불에 사르거나 묻어서 없애고 다시 만들어 모시기도 한다. 그러나 무덤은 없애거나 새로 만들 수 있는 대상이 아니다. 이런 점에서 상징성은 위패가 가지지만, 비중이 높은 것은 시신이 모셔져 있는 무덤이다.

인도불교에서는 500여 년이라는 불사리와 불탑의 독주 시기가 존재한다. 또 이 시기는 불교의 종교화가 점차 강화되던 때이기도 하다.

불교의 종교화는 붓다에 대한 그리움을 생산하게 되고,

이러한 경우 불사리와 불탑이 더욱 강조되는 것은 당연한 결과다. 그러나 인류문명이 발전하고 고등화될수록 유형의 물질적인 것보다 점차 무형의 정신적인 것의 비중이 증대한다. 기원 전후 남인도에서 유행하는 대승불교의 공空사상이나 화엄華嚴사상은 이와 같은 무형의 진리적 측면에 대한 강조를 반영한 것이다. 『대승열반경』 역시 이와 같은 유형에서 무형으로의 진화에 발맞추어 유형적인 불사리 개념을 확장·변화시키고, 열반 이후의 붓다가 실체적인 항상한 존재(무형적)임을 역설하게 된다.

인도불교의 불탑에는 가장 꼭대기에 일산(산개), 즉 양산이 배치된다. 불탑에 양산이 필요하다는 말은 불탑이 단순한 추모의 상징물이 아니라, 그 안에 항상한 붓다가 존재한다는 것을 의미한다. 그렇지 않다면 굳이 햇빛을 가릴 일산이 존재할 필요가 없지 않겠는가.

또 불탑의 공양물 가운데는 음식과 물도 있는데 이 역시 같은 양상을 나타낸다. 참고로 이러한 불탑의 공양 방식은 이후 불상이 만들어지면서 불상으로 옮겨진다. 이 전통은 오늘날까지 계승되고 있는 불교 종교의례(사시기도 등)의 근간을 구성하게 된다. 즉 오늘날까지 전해지는 불교의례는 불탑에 대한 존숭을 기원으로 하여 2,000년을 넘어선 유구한 전통을 간직하고 있는 것이다.

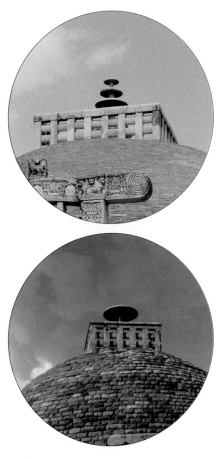

:
산치 제1탑(위)과 산치 제3탑(아래) 일산 조형.

불신관의 변화 - 불신상주

|

『대승열반경』의 중요한 핵심은 '불성'이다. 불성(buddha-dhātu, 붓다의 종자)은 누구나 붓다가 될 수 있음을 의미한다. 불교도라면 누구나 한 번쯤은 들어봤을 법한 "일체중생 실유불성—切衆生 悉有佛性", 즉 '모든 중생에게는 불성이 존재한다'는 말이 바로 『대승열반경』을 대변하는 대표 구절이다.

> **붓다** 나는 이제 네 가지 의지할 것을 말하리라. ① 진리란 곧 법성法性(법의 본질)이다. ② 올바름(의義)이란 곧 여래는 항상 존재해서 변화하지 않는 것이다. ③ 지혜란, 일체중생에게 모두 불성이 있음을 아는 것이다. ④ 진리가 온전한 것이란, 일체의 대승경전을 통달하는 것이다.
>
> 『대승열반경』 권6, 「8. 사의품四依品」

> **붓다** 내가 이제 소승경전을 믿지 않고, 대승경전을 믿어 독송하고 해설하므로 나는 이제 보살이다. 일체의 중생에게는 모두 불성이 있다. 이 불성이 있기 때문에 중생들의 몸 가운데에 붓다의 10력十力과 32상 80종호가 있는 것이니, 내가 말하는 것은 붓다의 가르침과 다르지 않다.
>
> 『대승열반경』 권9, 「16. 보살품菩薩品」

붓다 사자후란 결정된 가르침의 의미이다. 이는 일체중생에게는 모두 불성이 있으며, 여래는 항상 존재해서 변화됨이 없다는 것이다.

『대승열반경』권25, 「23.사자후보살품師子吼菩薩品」

불성은 불교 내적으로 두 가지 관점에서 도출된다. 첫째, 대승불교는 부파(소승)불교가 인간의 태생에 차등을 두는 것과 달리, 모두가 노력하면 붓다가 될 수 있다는 보편성과 평등을 역설한다. 또 이렇게 붓다가 되는 과정에 있는 사람을 '보살'이라 칭하는데 문제는 이런 보살이 붓다가 된다고 할 때, 여기에는 나름의 안전 장치, 즉 확증이 필요하다. 이것이 바로 붓다로서의 가능성인 '여래장如來藏(tathāgata-garbha, 여래의 태아)'과 '불성'이다. 즉 대승불교에서 주장하는 '미래의 붓다가 된다'는 슬로건에 대한 당위성을 위해 내적 개념인 불성이 대두하는 것이다.

둘째는 붓다의 열반과 다비 후에 수습된 불사리를 붓다의 본질로 이해하여 이를 불성으로 인식하는 관점이다. "일체중생 실유불성"은 '일체중생에게는 모두 불사리와 불탑이 존재한다(asti buddhadhātuḥ sarvasattveṣu)'는 해석으로도 이해될 수 있다. 왜냐하면 불성은 '붓다의 종자'라는 의미로 불사리와 연결되며, 불성과 통하는 여래장은 '여래의 태아를 내포

118

한'이라는 의미로 불탑과 뜻이 통하기 때문이다. 즉 종자와 태아를 불사리로 이해할 수 있다는 말이다.

정신과 육체(물질)를 구분하는 오늘날의 관점에서 '불사리=불성'이라는 판단은 이해하기 어렵다. 그러나 고대에는 정신과 물질의 구분이 모호했다. 초기불교의 온·처·계나 동아시아에 오늘날까지 남아 있는 기론氣論은 이와 같은 모호성을 잘 나타내 준다. 이는 기가 정신과 물질에 모두 통하는 개념이라는 점을 생각해 보면 이해가 어렵지 않다.

'불사리=불성'의 인식은 매우 중요하다. 왜냐하면 붓다라는 정신적인 완성의 가치가 불사리라는 유형적이면서도 불변하는 물질을 기반으로 사유가 깊어진 결과일 수 있다는 점이 판단되기 때문이다. 불사리는 불교의 인식 속에서 이 세계가 불로 녹고 파괴되어도 부서지거나 사라지지 않는 영속성을 가진 완전체이다. 즉 금강金剛과 같은 항상한 물질인 것이다.

이는 영골靈骨로서의 불사리가 불교의 종교화 과정을 거치면서 고도로 신성화되며 발전한 모습으로 이해된다. 실제로 불사리에는 신성화가 반영된 이적異蹟, 예컨대 과거 문헌 가운데는 이 불사리가 방광하거나, 도끼로 내리쳐도 깨지지 않거나, 분신해서 늘어나거나, 반대로 사라지는 등의 이적을 보였다는 내용이 기록되어 있다. 즉 불사리는 수행의 결정체로 영속성과 초월성을 가진다는 것이다.

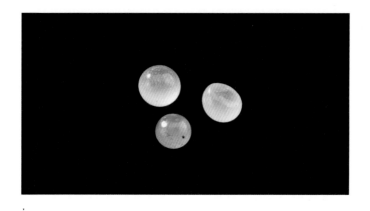

:
평창 상원사 문수동자좌상(국보) 복장 사리. 『세조실록』 권38과 『오대산사적기』에는
1466년 세조가 상원사 낙성식에 행차하였을 때 기도를 하니, 보궁에서 사리가
분신했다는 기록이 있다.

　　그런데 『대승열반경』에서는 이러한 불사리가 곧장 불성
과 통하는 구조를 확보하고 있는 것이다. 이는 열반한 붓다
를 항구적이고 불변하는 물질과 통하는 대상으로 이해할 수
있다는 것을 의미한다. '불사리=불성'의 이해 배경에는 불교
이전부터 존재하던 바라문교 우파니샤드 시대의 핵심 사상
인 범아일여梵我一如의 아我, 즉 아트만에 대한 인식도 자리
하고 있다.

　　범아일여란, 인도신화에서 창조주인 브라흐만이 인간에게
아트만이라는 창조신의 일부를 부여했으며, 이 브라흐만과 아
트만은 동질체로서 일치한다(같다)는 주장이다. 불교적 해석에
의한 변형을 거치기는 하지만, 바라문교의 아트만은 『대승열반

120

경』으로 수용되어 '불성=아트만'이라는 인식으로 발전한다. 즉 '불성=불사리=아트만'과 같은 판단이 『대승열반경』에 존재하는 것이다.

『대승열반경』에는 열반의 네 가지 덕목으로 상常·낙樂·아我·정淨(항상하고, 즐겁고, 실체가 있고, 깨끗하다)을 들고 있는데, 여기에서의 '아' 역시 아트만이다. 이는 열반이 실체적이고 항상한 측면으로 이해되는데, 아트만에 대한 인식 또한 중요한 작용을 했음을 의미한다.

흥미로운 것은 아트만이 바라문교라는 비불교적인 개념임에도 불구하고, 대승불교에서는 이의 의미를 재규정해 불교식으로 수용하고, '불성-아트만-열반'의 항상하고 불변하는 구조를 완성하고 있다는 점이다.

열반이 항상하기 위해서는 열반에 든 붓다 역시 우리가 아는 일반적인 관점과는 다른 비실체성으로 불변하며 영속한다는 것을 의미한다. 이것이 열반에 든 붓다에게 기원(기도)했을 때, 종교적인 감응과 이적, 즉 가피가 발생할 수 있는 배경이 된다.

열반한 붓다가 비실체적으로 존재한다는 것은 불신관佛身觀, 즉 붓다에 대한 인식이 크게 확장되었다는 것을 의미한다. 이를 붓다에 대한 새로운 이해, 불신관의 변화라고 한다.

『대승열반경』의 불신관 변화, 즉 불신사상은 '불신상주佛

身常住(혹 여래상주如來常住)'이다. 불신상주는 석가모니가 열반 이후에도 항상 존재하는 불멸의 존재임을 의미한다. 즉 붓다는 열반을 통해서 완전함으로 존재하며, 모든 일을 완성한 실체적 주인공이라는 것이다.

『대승열반경』에는 열반 후의 불사리 수습 및 사리 숭배와 관련된 불탑에 관한 대목이 나온다. 이는 『소승열반경』에도 있는 내용이 발전한 모습이다. 그런데 유형적인 사리 숭배와 불탑은 붓다를 상징하는 '부분(일부)'일 뿐, 붓다의 전체일 수는 없다. 즉 붓다의 정수이기는 하지만 온전한 붓다는 아니라는 말이다.

그러므로 불신상주라는 인식이 확립되면, 온전한 전체가 강조되면서 부분으로서의 불사리와 불탑의 의미는 반감되기 마련이다. 시간과 공간의 제약이 동반되는 불사리와 불탑보다는 비실체로 존재하며 원할 때 언제나 감응하는 불신상주가 시공을 넘어 더욱 간편하고 위대하며 친숙하기 때문이다.

그래서 『대승열반경』에는 불사리와 불탑 숭배가 나타나는 동시에, 이에 대한 부정적인 인식도 함께 존재한다. 이는 초기의 유형적인 불사리와 불탑 중심에서 점차 불신상주라는 사상적인 측면이 발전하며 대체되기 때문이다. 즉 불사리와 불탑 숭배에 대한 이중성이 존재하는 것이다.

이는 앞선 불사리와 불탑 신앙을 후대의 불신상주가 대

체하는 양상이다. 즉 유형에서 무형으로의 관점 변화가 『대승열반경』에 존재하는 것이다.

불신상주는 기원 전후에 간다라와 마투라에서 발생하는 불상의 성립과도 관련이 있다. 붓다 열반 이후에도 대면할 수 있는 불상의 탄생과 대두는 불신상주란 불신관으로 확대·발전할 수 있는 한 배경이 되기 때문이다.

어떤 이들은 '어떻게 역사적인 붓다와 후대에 만들어지는 불상을 구분하지 못하고 혼재되는 인식을 보일 수 있느냐?'고 할는지 모른다. 그러나 오늘날까지 우리가 사용하는 '부처님'이라는 말에도 역사적인 붓다와 불상의 의미를 모두 포함되지 않는가. 이를 본다면 고대에 불상을 마주한 이들이 이와 같은 개념 착각을 더 크게 일으키는 것도 결코 무리는 아니다.

불신상주는 진리적인 관점에서 붓다를 생각하는 철학적 원리이다. 그러나 불교도들은 불상을 보면서 이와 같은 인식의 타당성을 변증하고 보다 구체화할 수 있었다.

:
간다라에서 조성된 불입상(3세기, 파키스탄, 미국 메트로폴리탄미술관 소장).

대승불교의 기념비적 역작들과
『대승열반경』

중국의 진시황은 기원전 221년, '전국시대'라 불리는 분열기를 끝내고 중국을 통일하였으며, 인도 마우리아왕조의 아쇼카왕 역시 기원전 261년, 전 인도를 통일한다. 이들로 인해 중국과 인도는 하나의 국가라는 기틀을 확립하고 오늘날까지 계승된다.

만일 이들이 없었다면 중국과 인도는 유럽의 경우처럼 되었을 수도 있다. 유럽에서 이들 왕조와 유사한 역할을 했던 것은 로마다. 그러나 로마의 제국화는 이들 왕조보다 늦은 시기의 일이며, 서로마와 동로마로의 분열 등을 거치며 유럽사는 통합이 아닌 분열로 치닫게 된다.

통일제국의 성립은 문자, 도량형, 차축(현대의 도로 폭과 기차 레일 규격에 해당함) 등의 통일로 이어진다. 하나의 중심 원칙이 세워지는 것이다. 각 국가마다 서로 다른 다양한 기준들이 존재하는 상황에서 현대의 전 세계가 미터법으로 도량형의 통일을 이루었듯 보편성의 문제가 대두되기 때문이다.

이러한 변화에 사회는 혼란스럽다. 마치 오늘날까지 면적에 대한 도량형으로 제곱미터와 평을, 금의 무게를 표현하는 도량형으로 그램과 돈을 함께 쓰는 것과 같다. 그러나 어느 누구도 이러한 합리적인 변화가 타당하다는 것을 부정하기는 어렵다. 즉 초기의 혼란은 점차 가라앉으며, 1~2세기가 지나면 보편적이고 안정된 개념으로 자리 잡고 하나의 문화적 저력으로 거듭난다.

이러한 보편성은 사회적 성장과 더불어 다수의 사람들에게 적용되는 변화의 구조를 만들어낸다. 마치 동아시아 유교문화권의 높은 교육열이 교육이라는 안정적인 성장 가능성을 확보하고, 이를 통해 동아시아가 빠르게 계몽되며 자본주의 속에서 성장할 수 있었던 것처럼 말이다.

기원 직전의 인도도 이러한 흐름 속에 있었다. 그들은 다수가 공유하는 계몽되고 변화하기 쉬운 배경을 확보하고 있었다. 이런 환경에서 대두한 것이 인도 전역에서 동시에 출현하는 대승불교다.

거대한 변화에는 경제적인 부분도 한몫하기 마련이다.

당시 인도는 아리안족이 주도하던 유목문화가 약해지고, 농
경문화가 주류 생산 수단으로 변모하게 된다. 유목민이었던
아리안들이 인도에 정착하자, 농경에 유리한 기후 환경 속에
서 농경에 적응한 것이다.

여기에 인구가 늘어나면서 유목 환경의 파괴가 이루어
지며, 유목에서 농경으로의 변화는 더욱 가속화된다. 유목과
농경의 경쟁에서 농경이 완전히 승리하며, 생산 수단이 농경
으로 일단락되는 것은 기원 직전 무렵이다.

힌두교의 삼신三神 중 하나인 쉬바의 탈것은 '난디'라고
불리는 흰 소이다. 소는 원래 유목문화에서 희생제의의 제물
이거나 식용 대상이었다. 그러나 농경문화가 주류가 되면서

:
〈난디에 앉은 시바〉(10세기, 베트남, 미국 메트로폴리탄미술관 소장). 힌두교의 시바신 부조로
흰 소 (제부)인 난디가 표현되어 있다.

127

소는 함부로 잡아먹을 수 없는 중요한 생산력의 대상이 된다. 이러한 생산 수단의 변화를 반영하는 것이 바로 힌두교의 소 숭배다. 즉 유목문화에서는 쉽게 잡아먹던 소를 신과 결부시키는 방식을 통해 죽일 수 없는 대상으로 탈바꿈시킨 것이다. 이는 농업 생산의 효율성 고취를 위한 필요가 반영된 결과이다. 즉 난디의 등장과 오늘날까지 힌두교에 전해지는 소 숭배는 유목문화에서 농경문화로의 주류 생산 방식 변화를 함축하고 있는 일대 사건인 것이다.

불교는 붓다에 의해 인간의 평등이 천명된다. '인도' 하면 떠오르는 카스트제도, 즉 계급제도를 부정한 것이다. 카스트제도는 혈통에 의해 태생적으로 계급이 결정되므로 후천적인 노력의 결과물이 아니다.

　붓다는 교단에서 카스트제도에 의한 출가자들의 계급을 무력화하고, 출가한 순서에 따라 차등을 두는 대안을 마련했다. 다시 말해 '차등'이란 태생적인 것이어선 안 된다는 관점이다. 이를 붓다는 '모든 강물은 바다에 들어가면 바다라는 단일한 이름을 가지는 것처럼, 승단도 그와 같다'라고 설명한다.

　또 불교는 세계종교 중 유일하게 여성의 성직을 인정하는 종교다. 오늘날까지 기독교와 이슬람에는 여성의 성직 부여가 쉽지 않다. 붓다는 예수보다 500년, 무하마드보다 물경

1,000년이나 앞선 인물이다. 그럼에도 불구하고 '깨달음의 평등성에는 남녀가 있을 수 없다'는 판단하에 여성의 성직을 인정하는 대담성을 보인다.

붓다의 평등주의는 기원 직전에 대두하는 변화와 계몽의 시대에 대승불교 운동이 전 인도적으로 이루어지는 근본 배경이 된다. 대승불교는 모든 이가 붓다가 될 수 있다는 보편성과 상호 존중을 강조했다. 이는 붓다가 남과 여라는 성을 넘어서 깨달음이 존재할 수 있다고 판단한 것처럼, 승려와 신도의 경계를 무너트리게 된다. 즉 소승불교에서 깨달음에 차등을 두어 깨달을 수 있는 이와 깨달을 수 없는 이를 구분하고, 승려와 신도를 나누던 것을 넘어 진정한 인간 평등을 구현한 것이다. 여기에 농경문화의 대두와 더불어 불살생과 생명 존중의 사상이 강하게 대두하는 것을 받아들여 육식을 금하고 인간을 넘어선 모든 생명의 평등을 강조하게 된다.

전 인도적으로 전개된 대승불교 운동은 다섯 가지 대승 경전과 관련해서 구분할 수 있다. 다양한 측면들이 엇비슷한 시기, 동시에 대두할 수 있는 것은 인도사회의 배경 변화에 따른 시대적 요청, 또 불교 내적으로는 경전의 문자화가 주요한 역할을 했다.

경전의 문자화, 즉 성문화成文化는 기존의 암송 전통에서는 전승자만이 알 수 있는 내용의 대상을 소수의 승려가 아닌

:
관세음보살입상(6세기, 중국, 미국 메트로폴리탄미술관 소장).

불교도 다수로 확대했다. 관세음보살로 대표되는 재가보살, 즉 능력 있는 신도의 존재와 대승경전에서 흔히 목도되는 경전의 서사, 공덕 강조는 이와 같은 확대 양상을 잘 나타내 준다.

한량없는 시간 동안 몸을 바쳐 헌신적인 보시를 한다고 하더라도 어떤 사람이 이 경의 말씀을 듣고 비방하지 않고 믿는다면 이 복은 저 복보다 훨씬 더 뛰어나리라. 하물며 **이 경전을 베껴 쓰고 받아 지니며 읽고 외우며, 다른 이를 위해 설명해 준 공덕이야** 더 말해 무엇하겠는가!

『금강경』「15. 지경공덕분持經功德分」

약왕보살이여! 어떤 장소에서든 **이 경전의 가르침이 설해지거나 읽고 외우며 쓰고 『법화경』이 봉안된 곳이 존재한다면, 그 곳에는 일곱 가지 보물로 된 탑을 세우되 극히 높고 넓고 장엄하게 꾸며야 한다.** 그러나 불사리를 봉안할 필요는 없으니, 이 경전 가운데 이미 여래의 온전한 몸이 존재하기 때문이다.

『법화경』권4,「10. 법사품法師品」

가섭보살 제가 이제 가만히 생각해 보니, 이 경을 듣고 받들지 못하는 이는 매우 어리석은 사람이며 선한 마음이 없다고 하겠습니다.

세존이시여! 저는 지금 제 가죽을 벗겨 종이를 삼고, 피와 골수로 먹과 물을 삼으며, 뼈를 가지고 붓을 삼아『대반열반경』을 쓰겠습니다. 그리고 쓰고는 읽고 외우며, 통달한 연후에 다른 이에게 가르쳐 주는 일을 감당하겠습니다.

『대승열반경』권13,「19. 성행품聖行品」

붓다 듣고 이익이 된다 하는 것은『대반열반경』을 들으면 온갖 대승경전의 깊은 이치를 모두 통달해 알기 때문이니라. 마치 남녀가 밝은 거울 속에서 자기의 형상을 분명하게 보듯,『대반열반경』이라는 거울도 그와 같아서 보살들이 얻으면 대승경전의 깊은 이치를 모두 보게 되느니라.

어떤 사람이 캄캄한 방에 횃불을 들면 모든 물건이 두루 보이듯,『대반열반경』의 횃불도 그와 같아 보살이 들면 대승의 깊은 이치를 바로 보게 되느니라. 또 태양이 뜨면 밝은 광명이 모든 산과 골짜기를 비추어 우리가 온갖 물건을 보게 하듯,『대반열반경』이라는 지혜의 태양도 대승의 깊은 이치를 비추어 소승(성문·연각)들로 하여금 붓다의 진리를 보게 하느니라. 이는『대반열반경』이라는 미묘한 경전을 들은 때문이니라.

선남자여, 보살마하살(위대한 보살)이『대반열반경』을 들으면 모든 진리를 듣게 되는 것이다. **만일 쓰고 읽고 외우고 통달하며 다른 이에게 가르쳐 주고 뜻을 생각한다면, 모든 진리의 이치를 알게 되느니라. 선남자여! 듣기만 하는 이는 이름만 알고 의미는 잘 모르느니라. 그러나 쓰고 받아 지니며 읽고 외우고 다른 이에게 가르쳐 주며 뜻을 생각한다면, 그 이치마저도 환하게 알게 되느니라.**

『대승열반경』권19,「22. 광명변조고고위덕보살품光明遍照高貴德菩薩品」

붓다는 "자등명 법등명"의 언급을 통해 가톨릭의 교황청과 같은 보수적인 정통의 존재를 부정했다. 즉 다양성과 다원주의의 수용을 용인하는 관점이다. 여기에 인쇄가 아닌 암기를 기반으로 옮겨 적는 방식의 필사는 경전이 다양하게 변화할 수 있는 한 배경이 된다. 이렇게 해서 기원 전후가 되면 불교와 관련된 다양한 논의가 전개되고, 이를 분류하여 묶은 것이 대표적인 다섯 가지 대승경전들이다.

첫째는 남인도의 반야부로 반야사상의 총서는 600권에 달하는 『대반야경大般若經』이다. 동아시아에 가장 큰 영향을 준 반야부 문헌은 260자의 『반야심경般若心經』과 600권 중 577권에 해당하는 『금강경』(「능단금강분能斷金剛分」)이다.

둘째는 같은 남인도에서 시작되어 서역에서 완성되는 것으로 추정되는 『화엄경華嚴經』이다. 『화엄경』은 60권본(동진東晋, 불타발타라)과 80권본(무주武周, 실차난타) 그리고 40권(당唐, 반야)의 세 종류가 있다. 이 중 60권본과 80권본은 완질이며, 40권본은 『화엄경』 맨 마지막의 「입법계품入法界品」, 즉 선재동자 구도기에 해당하는 부분이다.

『대반야경』과 『화엄경』은 남인도에서 이 세상을 꿈과 같은 환상으로 보는, 영화 〈매트릭스〉와 같은 관점을 고수한다. 실체성을 부정하는 진리 중심적인 철학인 것이다. 다만 『대반야경』이 모든 대상의 비실체적 측면에 논의의 초점이 맞춰져 있다면, 『화엄경』은 비실체적인 세계관에 중점을 두고 있다.

『대반야경』이 말하는 '비실체'란 두 가지로 생각하면 이해가 쉽다. 하나는 물질이 알고 보면, 원자가 원자핵과 전자로 구성되고 원자핵은 다시금 중성자와 양성자로 구성되는 것과 같이 비어 있는 관계성(연기)의 변화일 뿐이라는 점, 둘은 이러한 원자들의 결합, 즉 관계성으로 우리의 세계가 구성되어 있다는 점이 그것이다.

『대반야경』은 개별적인 비실체성에 논점을 집중하고 있는데 이것이 바로 공사상이다. 또 이러한 공을 이해하는 지혜를 '반야(prajñā)'라고 한다.

『화엄경』은 『대반야경』에 비해 이 세계와 전체를 구성하는 관계성에 집중한다. 우주와 은하계의 전체적인 조화와 질서란, 힘의 관계와 적절성에 의한 균형(중도)일 뿐이다. 또 『화엄경』은 거대한 구조의 관계 배경에 완전성이 있음을 강조한다. 이런 점에서 볼 때『대반야경』이 미시적이라면,『화엄경』은 거시적인 동시에 완전성에 대한 추구가 강하게 드러난다.

『대반야경』과『화엄경』은 남인도라는 무더운 기후를 가진 지역을 공통의 배경으로 한다. 이로 인해 이 세계를 꿈과 같이 실체가 없는 환상(비실체)으로 보는 공통분모를 가진다. 즉『대반야경』과『화엄경』은 더 큰 범주에서 유사한 종류로 인식될 수 있는 연결 통로가 존재하는 것이다.

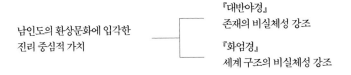

남인도의 환상문화에 입각한
진리 중심적 가치

『대반야경』
존재의 비실체성 강조

『화엄경』
세계 구조의 비실체성 강조

셋째는 붓다가 직접 활동한 중인도의 마가다국 쪽을 배경으로 하는『법화경』으로 7권으로 되어 있다.『법화경』에서 석가모니불은 금생에 붓다가 된 것이 아니라, 이미 오래전에 붓다로 완성되어 있었던 범접할 수 없는 분이다. 이를 '구원성불久遠成佛'이라고 하는데, 이런 분이 중생 구제를 위해 현세에서 머트러운 모습으로 등장했다는 것이『법화경』의 주장이다. 이를 종교적으로는 '가현설假現說'이라고 한다. 마치 게임 〈리니지〉를 만든 엔씨소프트의 이택진 님이 리니지에 초보 캐릭터로 들어가서 문제점을 파악하고 버그를 수정하는 구원자의 역할을 하는 상황이라고 이해하면 되겠다.

『법화경』에는 이 세상을 넘어서는 완성된 존재로서의 강력한 붓다가 설정되어 있다. 『대반야경』과 『화엄경』이 '진리', 즉 '법法' 중심이라면, 『법화경』은 '붓다', 즉 '불佛' 중심인 것이다. 그렇기 때문에 『법화경』의 신앙자들은 영원히 열반하지 않는, 전지전능한 신과 같은 붓다를 믿는 신앙 공동체의 성격을 가진다.

또 이들의 붓다는 비실체가 아니라 항구하는 뚜렷한 실체성을 가진다. 이런 점에서 본다면, 중인도에서 발생한 『법화경』은 남인도의 『대반야경』과 『화엄경』과는 커다란 관점 차이를 보인다고 하겠다.

진리의 발견자, 붓다

붓다를 번역하면 '각자覺者', 즉 '깨달은 사람'을 의미한다. 이런 점에서 '붓다'라는 명칭은 조선의 '임금'과 같은 대명사일 뿐이다. 마치 조선의 임금 가운데 세종·정조 등이 있는 것처럼, 붓다 안에 석가모니불·아미타불·비로자나불 등의 개별 존재가 있는 것이다.

붓다가 깨달은 사람을 지칭하는 대명사라는 점은 불교도들로 하여금 석가모니불 이전에도 다양한 붓다가 존재할 수 있음을 알게 한다. 실제로 석가모니불은 자신의 정당성을 강조하기 위해, 네팔 지역의 전승에 입각한 구류손불이나 구나함모니불에 대해 언급하고 있다. 이는 불교와 동시대의 인도 종교인 자이나교의 창시자 마하비라가 스스로를 제24대 계승자라고 한 것과 비슷하다.

석가모니불 이전의 깨달은 붓다, 즉 과거불에 대한 개념은 두 가지 양상으로 나타나는데, 첫째는 '① 구류손불拘留孫佛 → ② 구나함모니불拘那含牟尼佛 → ③ 가섭불迦葉佛 → ④ 석가모니불'로 이어지는 것으로 이를 후대 인도불교에서는 '과거사불'이라고 한다. 한편 이 앞에 세 분을 더해, '① 비바시불毘婆尸佛 → ② 시기불尸棄佛 → ③ 비사부불毘舍浮佛 → ④ 구류손불 → ⑤ 구나함모니불 → ⑥ 가섭불 → ⑦ 석가모니불'로 이어지는 과거칠불이 언급되기도 한다.

과거사불은 붓다 당시 중인도에서 사용되던 4진법 체계에 따른 것으로, 실제로 붓다의 생애 속에는 사성제, 팔정도, 십이연기, 16대국, 80세 열반에 의한 8만 4천 탑 등 4진법을 배경으로 하는 다양한 개념들이 살펴진다. 또 과거칠불은 서북인도에서 사용되던 7진법 체계에 따른 것으로, 붓다 당시 중인도에서도 일부 사용되는 모습이 확인된다.

석가모니불에 앞선 과거불의 존재는 석가모니불의 정당성 확보라는 불교의 위상과 붓다는 누구나 노력해서 진리를 자각하면 될 수 있다는 보편성에 의한 것이다. 과거불의 존재는 당연히 미래불에 대한 생각으로 이어지게 된다. 이렇게 해서 등장하는 분이 바로 석가모니불을 계승한 미륵불→사자불 등이다. 이렇게 동일한 세계를 기반으로 하지만, 다른 시간대에 존재하는 붓다들을 통칭해서 '다양한 시간대의 붓다', 즉 '타시불他時佛'이라고 한다.

과거와 미래에 붓다가 존재한다면 동시대의 다른 공간, 즉 다른 세계에도 붓다가 존재할 수 있다. 대표적인 분이 서

:
인도 엘로라석굴 제12굴에 조성된 과거칠불상.

방의 아미타불과 동방의 아촉불阿閦佛, 약사여래, 그리고 남방의 보생여래寶生如來와 북방의 불공성취불不空成就佛 등이다. 마치 우리와 동시대의 다른 우주에 지구 생명체와 같은 지적 생명체가 존재할 수 있는 것과 같다고 이해하면 되겠다. 이러한 동시간대의 다른 공간에 존재하는 붓다를 '다양한 공간대의 붓다'라는 의미의 '타방불他方佛'이라고 한다.

이렇게 시간과 공간으로 붓다가 확장하는 것을 붓다에 대한 이해의 변화, 즉 붓다관의 변화라고 한다. 또 이런 다양한 붓다의 설정은 동시에 다양한 모습과 위신력을 가진 천차만별의 붓다를 생각해 보게 한다. 즉 붓다의 깨달음이라는 내적인 측면은 동일하지만, 외형과 사는 세계는 완전히 다를 수 있다는 말이다. 마치 동일한 윈도우11이 작동하더라도 컴퓨터의 사양이나 외관 및 가격은 천차만별이 될 수 있는 것처럼 말이다.

이렇게 해서 석가모니불보다 뛰어난 세계의 붓다를 상정하는 것을 불신관佛身觀의 변화라고 한다. 즉 붓다의 몸에 대한 새로운 이해라고 생각하면 되겠다. 이러한 불신관의 변화가 대승불교에서 정리되는 것이 바로 '법신法身(비로자나불) – 보신報身(노사나불) – 화신化身(석가모니불)'의 삼신불三身佛이다.

붓다관과 불신관의 변화는 대승불교 발생 이전의 부파불교 시대에 대두한 문제의식이다. 그렇지 않았다면 대승불

: 〈안성 칠장사 오불회괘불도〉(국보). 이 불화 상단 중앙의 비로자나불을 중심으로
노사나불(향우)과 석가모니불(향좌), 그 아래에 약사불(향좌), 아미타불(향우)이 배치되어 있다.

140

교에서 돌연 붓다관과 불신관의 다양한 결과물들을 도출해 내기는 어려웠을 것이다.

『법화경』은 대승경전 중에서도 강력하고 인격적인 완전성을 갖춘 불신관을 주장한다. 이와 같은 『법화경』의 불신관은 종교화되며 가피를 갈구하던 불교도들에게는 매우 명확하고 확실한 해법이었다는 점에서 유효했다.

그러나 『법화경』의 강력한 실체적 관점은 비실체를 강조하는 인도불교의 주류와는 다른 것이었다. 이로 인해 『법화경』의 신앙자들은 요즘으로 치면 이단이라는 비판을 들었던 것 같다. 이와 같은 흔적은 「20. 상불경보살품常不輕菩薩品」이나 「10. 법사품法師品」 등에서 확인해 볼 수 있다. 그런데 이러한 『법화경』의 불신관은 뒤에 완성되는 『대승열반경』에도 일정 부분 영향을 주고 있어 주목된다.

붓다 득대세보살아! 이제 분명히 알지어다. 후에 이 『법화경』의 가르침을 비방하거나 경전을 받아 지니는 승려와 신도를 헐뜯어 꾸짖고 욕하거나 비방하면, 큰 죄의 과보를 받게 된다. 그러나 『법화경』을 믿어서 간직하고 읽고 외우며 설명하고 사경하는 이들에게는 한량없는 좋은 과보가 생기며 정신과 육체가 모두 청정해질 것이다.

『법화경』 권6, 「20. 상불경보살품」

보살들 여러 어리석은 사람이 욕하고 빈정대면서, 칼과 막대기를 휘둘러도 저희들은 가만히 참겠습니다. (소승의 승려들이) 항상 대중 가운데 있으면서, 우리를 국왕과 여러 대신 및 바라문과 거사 그리고 다른 비구들에게 다음과 같이 비방합니다. '저들은 삿된 사상을 가진 이들이며, 이단의 가르침을 논할 뿐이다.'라고. 그러나 저희들은 붓다를 공경해, 이런 악한 행동들을 모두 참겠습니다. 또 그들이 빈정대며 '너희들 모두는 붓다다.'라며 희화하는 말들도 모두 참고 받아들이겠습니다.

『법화경』 권4, 「13. 권지품勸持品」

가섭보살 (비방하는 말로) 애초에 대승경전이라고는 한 구절이나 한 글자도 듣지 못하였다. 여래가 말씀하신 한량없는 경전과 율장에 어디 대승경이 있느냐? 하물며 대승의 열 가지 경전이란 것도 듣지 못하였고, 만일 있다면 그것은 (붓다를 시해하려다가 배반한 악인) 제바달다가 지었을 것이다. 제바달다는 악인으로 (소승의) 선한 가르침을 없애려고 대승경을 지은 것이니, 우리는 믿을 수 없다. 대승경은 마군의 말이니, 붓다의 가르침을 파괴하고 시비하려는 것이기 때문이다. 어떻게 이런 내용이 너희의 경전에만 있고 우리의 소승경전에는 없을 수 있는가! 우리의 경전와 율장에서는 여래께서 "내가 열반한 후 악한 세상에 반드시 부정한 경전과 율장이 있으리니 소위 대승 방등경전이며, 오는 세상에는 여기에 부화뇌동하는 나쁜 비구가 있으리라."고 하였다.

『대승열반경』권7, 「9. 정사품正邪品」

붓다 (비방하는 말로)『대승열반경』은 붓다의 가르침이 아니라, 삿된 견해를 가진 이가 만든 것이다. 삿된 견해를 가진 자는 여섯 무리의 이교도(육사외도)이며, 이교도의 말은 붓다의 경전일 수 없다.

『대승열반경』권22, 「22. 광명변조고귀덕왕보살품」

넷째는『대승열반경』으로 이 경은『소승열반경』속에 존재하던 문제의식들을 바탕으로『법화경』에서 확인되는, 붓다를 완전한 실체로 보는 관점이 '열반'이라는 키워드로 결집된 모습이다.

　『대승열반경』은 '열반이라는 진리적인 관점'과 '붓다의 실체라는 완전성'을 결합한다. 즉『대반야경』과『법화경』의 요소가 열반이라는 주제를 통해서 결합되는 것이다. 그중 특히『법화경』에서 확인되는 붓다에 대한 완전성이 강하게 드러나는데, 석가모니불의 완전성이 이미 오랜 과거 이전에 이룩된 것이라는『법화경』과 달리,『대승열반경』에서는 무여열반을 통해 완성되는 것으로 되어 있다는 점이다.

이렇게 열반이라는 진리적 요소로 논점을 풀어 가고 있기는 하지만, 열반 이후의 붓다를 강력하고 완성된 실체로 인식하는 불신관은 인도불교의 주류에서 비판의 대상이 되기에 충분했다. 이로 인해『법화경』에서와 마찬가지로『대승열반경』역시 전편에 걸쳐 강력한 신앙 강조, 즉 믿음을 강하게 주장하는 모습을 띠게 된다.

그럼에도『대승열반경』에서는『금강경』등의 반야부(『대반야경』) 경전에서 강조되는 아상我相(ātman), 인상人相(pudgala), 중생상衆生相(sattva), 수자상壽者相(jīva)이라는 불교의 무아설을 계승한 비실체의 강조를 재해석해 대담하게 수용하는 모습을 보인다. 이는 인도불교의 관점에 따라서는『대승열반경』이 불교의 범주를 넘어 힌두교에 다가가는 모습으로 오해될 소지를 내포한다. 그래서인지 인도불교 안에서『대승열반경』은『대반야경』·『화엄경』·『법화경』에 비해 대승불교에의 영향력이 약하다.

『대반열반경』은 남인도의『대반야경』·『화엄경』이 강조하는 비실체성의 강조를, 중인도『법화경』의 실체적인 관점에서 재조정해 진일보시키려는 모습을 보인다. 이외에도 불교와 힌두교의 조화도 모색하는 모양새다. 그런데 이런『대승열반경』의 행보가 필연적으로 독자적인 색채 형성의 약화를 초래하게 되어 양쪽으로부터 비난받는 상황에 직면했던 것이 아닌가 한다.

> **붓다** 나의 법이 비록 무상으로부터 열반을 얻지만, 결코 무상한 것은 아니다.
>
> 『대승열반경』권35, 「25. 교진여품憍陳如品」

> **붓다** 어떤 선남자와 선여인이 『대반열반경』의 한 글자 한 구절을 듣고는 글자라는 모양과 구절이라는 모양 그리고 듣는다는 모양과 붓다라는 모양 및 말한다는 모양을 짓지 아니하면, 이런 것을 모양 없는 모양이라 한다. 모양 없는 모양이므로 최고의 깨달음인 아누다라삼먁삼보리를 얻느니라.
>
> 『대승열반경』권7, 「22. 광명변조고귀덕왕보살품」

『대반야경』과 『화엄경』이 같은 남인도를 배경으로 하는 비실체적인 관점을 중시하고 있다면, 『법화경』과 『대승열반경』은 중인도를 중심으로 하는 석가모니의 실체성을 강조한다. 이런 점에서 본다면, 4대 대승경전을 남인도적 관점과 중인도적 관점으로 구분하는 것도 가능하다.

『법화경』과 『대승열반경』은 붓다관과 불신관에 입각해 있고, 또 대승불교의 다양한 붓다를 인정하지만, 그럼에도 내용적으로는 석가모니불에 집중하는 모습을 보인다. 이는 『법화경』과 『대승열반경』의 성립 지역이 석가모니불께서 직접 활동하셨던 장소로 다수의 불탑이 세워지는 등 체취가 강하게 잔존하던 지역이기 때문이다. 즉 석가모니불에 대한 대승적 재해석이라는 화두가 이들 경전에 공통으로 흐르고 있는 것이다.

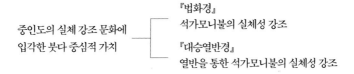

중인도의 실체 강조 문화에
입각한 붓다 중심적 가치

『법화경』
석가모니불의 실체성 강조

『대승열반경』
열반을 통한 석가모니불의 실체성 강조

다섯째는 『아미타경阿彌陀經』·『무량수경無量壽經』·『관무량수경觀無量壽經』의 정토삼부경淨土三部經을 필두로 하는 서방극락과 아미타불 중심의 서북인도 극락정토 경전이다. 극락정토 경전은 신앙성이 강하고 사상적인 부분은 약하다. 그래서 앞의 네 경전과 달리 사상적으로는 강력하지 못하지만, 신앙적으로는 정토 신앙의 대변자로서 동아시아 대승불교의 한 축을 담당하게 된다. 사상적 취약성은 다른 사상과 충돌하지 않고 다양하게 융합되기에 유리했기 때문이다.

정토 신앙은 파키스탄의 간다라를 필두로 하는 서북인도 대승불교의 거대한 축이자 아이콘인 불상을 만든 이들과 지역적으로 겹친다. 그리하여 이들 간에는 모종의 연결고리가 존재하는데, 이는 아미타불과 극락 등을 관조하는 『관무량수경』 등을 통해서 확인해 볼 수 있다.

불상의 발생은 기원 전후 알렉산더의 동방 원정에 의해 서북인도에 잔존하게 된 희랍문화와 붓다관·불신관의 변화에 따른 시대적 요청에 의한 것이다. 만일 서북인도에 이러한 배경이 없었다면 중인도 마투라 등지에서도 불상이 만들어지긴 쉽지 않았을 것이며, 불상이 불교문화를 대변하는 상징으로 자리 잡기도 어려웠을 것이다.

대승불교를 대표하는 다섯 가지의 경전 묶음

- 남인도 　　　　　『대반야경』, 『화엄경』
- 중인도 　　　　　『법화경』, 『대승열반경』
- 서북인도 　　　　극락정토 경전

『대승열반경』의 성립은 그 시기가 조금 늦지만, 다른 대승경전들은 기원 전후로까지 성립 시기가 올라간다. 특히 지역적으로 큰 차이가 있음에도 다양한 사상의 경전들이 광범위한 지역에서 동시다발적으로 만들어지며, 이때 대승불교의 아이콘인 불상도 탄생한다는 것은 기원 전후의 시기가 새로운 변화와 계몽의 시대였다는 점을 분명하게 해 준다.

암송문화가 빚은 참극과
늘어나는 경전

인도는 유구한 문자 전통을 가진 나라로서, 인더스문명 시대에도 문자가 있었다. 다만 현재까지도 충분한 수의 문자를 확보하지 못해 그 규칙성을 파악하는 데는 성공하지 못하고 있어 아직까지는 샹폴리옹 이전의 이집트 상형문자(히에로클리프, 샹폴리옹이 1822년 9월 해독)와 같은 미해독 문자로 남아 있다. 그러나 언젠가는 인더스 문자 역시 제2의 샹폴리옹에 의해 해독되지 않을까 한다.

기원전 3세기의 아쇼카 석주와 마애법칙에는 문자 기록이 분명하게 남아 있다. 사실 문자가 없다면 전 인도를 통일하는 마우리아왕조와 같은 세계 제국이 탄생하는 것은 불가능한 일이다. 그런데 기원 직전이 되기 전까지 불교경전은 암송될 뿐 문자화되지 못했다.

　인도에는 불교 이전의 바라문교에서부터 성전聖典은 기록하지 않고 암송하는 문화가 존재한다. 붓다 당시에 유행한 바라문교의 우파니샤드는 '무릎과 무릎을 맞대고 앉는다'는 뜻이다. 이는 스승과 제자가 무릎을 맞대고 앉아서 신성한 지식을 전수한다는 의미이다. 즉 암송문화 중에서도 폐쇄적인 구조이다.

　암송문화는 자기 집단의 전승이 외부인에게 유출될 우려를 차단한다. 또 지식의 소유자와 그렇지 못한 이의 차이가 분명하도록 해 준다. 이는 통제와 특권층의 권익 보호에 암송문화가 매우 유용했다는 것을 의미한다.

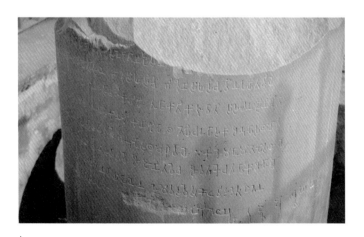

：
인도 사르나트 아쇼카 석주에 새겨진 칙령.

세종대왕이 훈민정음을 반포했을 때 부제학 최만리를 필두로 하는 지식인 지배층의 극렬한 반발이 있던 것 역시 비슷한 이유다. 문자만 쉬워져도 자신들의 기득권과 권위에 손상이 발생할 수 있다고 판단하는 것이다. 결국 이들은 한글의 사용을 억압했고, 이는 조선왕조가 붕괴될 때까지 유지된다. 이는 국왕을 기득권자들이 막아선 초유의 사건이자, 한반도가 웅비할 큰 기회를 놓친 안타까운 사건이 아닐 수 없다.

아무튼 우파니샤드는 특정인에게만 전해지는 지식을 의미한다. 이에 반해 붓다는 "귀 있는 자는 들어라, 불사不死(감로)의 문은 열렸다."라는 천명에서부터 지식의 보편성을 강조했다. 붓다의 제자를 '성문聲聞'이라고 하는데, 이는 많이 들어서 귀가 씻겨 안목이 열린 이를 의미한다.

그러나 초기불교 역시 암송이라는 한계를 벗어나지 못했다. 이는 붓다의 열반 후에 마가다국 왕사성의 칠엽굴에서 개최된 1차 결집이 합송이라는 점을 통해서 분명해진다. 이 합송을 통한 경전의 전승이 '아가마āgama', 즉《아함경》의 '아함'이다.

붓다가 우파니샤드 같은 닫힌 암송문화를 탈피해, 누구나 접근 가능한 열린 암송문화를 제시했다는 것은 인도의 종교 전승에서 괄목할만한 대변혁이다. 그러나 이 변화는 글과 같은 문자화에까진 이르지 못했다. 이는 초기불교가 유행流行

(떠돌아다님)을 강조함으로써 사원에서의 정주가 상대적으로 약했기 때문이다. 즉 안정적인 문화 축적이 이루어지기에 부족한 환경이었다. 이는 동시대의 바라문교가 바라문의 가정을 기반으로 정주문화를 가진 상태에서 문자화를 거부한 것과는 차이가 있다.

가르침의 전파와 변화

불교의 암송 전통이 문자화되는 것은 기원 직전으로 이때는 대승불교가 움터 오던 변화와 계몽의 시대이다. 그러나 이전의 약 500여 년에 이르는 긴 시간 동안 있어 온 암송 전승은 불교의 전승에 많은 변화와 문제를 초래하게 된다. 500여 년에 걸친 암송 과정에서 불교의 원형은 심각하게 변형돼 원래 모습을 판단하기 어렵게 되었기 때문이다.

암송에는 필연적으로 암송자의 기억에 의한 문제가 존재할 수밖에 없다. 이 문제는 당연히 나이가 들수록 더욱 심각해진다. 그런데 불교는 출가한 지 오래되어 나이가 들면 출가 나이인 법랍이 많아지면서 해당 승려는 장로로서의 권위를 가진다. 나이가 많을수록 기억의 문제가 발생하는데, 오히려 장로로서의 권위가 존재한다는 것은 암송 전승에 필연적으로 문제가 발생할 수밖에 없다는 것을 의미한다.

　종교나 수행문화에서는 나이와 권위가 정비례한다. 이로 인해 필연적인 문제가 존재하게 되는 것이다.

　또 정상적으로 기억했다고 하더라도 인간의 뇌에는 다양한 착각이 존재하기 마련이다. 그런데 암송은 이런 착오를 수정하기가 어렵다. 기록이 있다면 기억에 의한 착오 수정은 쉽다. 그러나 기억에만 의존하는 인명이나 지명에 착오가 발생할 경우 이를 인지하는 것은 매우 어렵다. 마치 한국불교에서 흔히 암송하는 「신묘장구대다라니」의 발음 중 착오가 발생했을 때나, 희랍신화 속 저승의 파수견인 케르베로스를 케로베르스라고 착각하는 경우 이의 수정은 쉽지 않다. 물론 이와 같은 착오의 수정을 위해 여러 승려에 의한 합송이 이루어지기도 한다. 그러나 암기해야 할 분량이 많아지면 합송에 의한 반복 행위 역시 불가능해진다.

　끝으로 의도적 변형에 대해서도 생각해 볼 수 있다. 여기에서의 의도적인 변형이 악의적인 날조를 의미하는 것은 아니다.

　불교는 붓다의 열반 이후 광범위한 지역으로 확대된다. 이는 불교가 언어와 민족, 문화와 기후가 다양한, 기존의 발생지에서 만난 이들과는 전혀 다른 대상들을 만나게 된다는 것을 의미한다. 이런 경우 불교의 가르침을 전하기 위해선

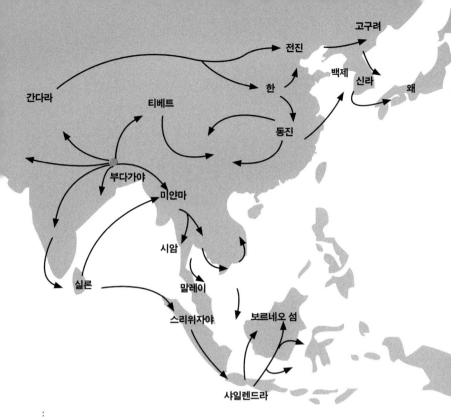

:
불교의 전파.

번역이 필수다. 다만 번역을 비꼬아 '반역'이라 부르듯, 번역 과정에는 필연적으로 변형이 발생한다.

인도는 현대에도 공식 화폐에 표기된 문자만 17개나 되며, 정부가 인정하는 공식 언어만 22개에 달한다. 과거로 거슬러 올라가면 이 숫자는 몇 배 더 많아진다. 불교의 확대는 결국 다양성에 직면하게 되었음을 의미한다. 특히 승려들이 암송문화에 의지해 경전을 전파했다는 것은 전달 과정에서 다양한 변화가 존재할 수밖에 없었음을 고려하게 한다. 즉 전파의 용이와 효율성을 높이기 위해 임의의 변화가 가해졌을 가능성을 추론해 볼 수 있는 것이다.

예컨대 동아시아처럼 허리를 굽혀 인사하는 문화가 악수로 인사하는 문화를 가진 서구로 넘어가면, '허리 굽히는 인사는 악수와 대등한 인사이다.'와 같은 설명을 첨가하는 방식으로 이해를 구할 수 있다. 그러나 이질성을 줄이고 빠르게 안정시키기 위해서는 '허리 굽히는 인사'를 '악수'로 대체하는 것도 가능하다. 즉 여기에는 '원어와 본질을 중시할 것이냐'와 '불교적인 교화와 확대라는 목적을 중시할 것이냐'의 문제가 존재하는 것이다.

이는 한국의 기독교 전파 과정에서 여호와를 '하느님'이나 '하나님'으로 번역하는 것 등을 통해서도 확인해 볼 수 있다. 한국 기독교가 우리 민족 전통의 하늘 숭배와 관련된 '하

:
중국 쿠차 키질석굴에 세워진 구마라집 동상. 구마라집은 산스크리트 불교 경전을
한문으로 번역한 4대 역경가 가운데 가장 정평이 나 있는 인물로서 불교의 중국 전래에
큰 영향을 미쳤다. 구마라집은 번역이란 음식을 씹어주는 것과 같아 본연의 맛을 잃게
된다고, 번역의 문제를 지적하기도 했다.

:
중국 시안 자은사에 조성된 삼장법사 현장 동상. 구마라집과 함께 중국 4대 역경가로
일컬어지는 인물로, 16여 년 동안 인도에 유학하여 당 수도 장안으로 돌아와
여생을 경전 번역에 힘썼다.

느님'이라는 명칭을 사용하지 않고, '여호와'나 '야훼'를 사용했다면 기독교의 정착 과정에서 이질성에 따른 온도 차가 꽤 크지 않았을까?

이와 같은 양상은 중국의 불교 번역에서도 확인된다. 구마라집은 중국인이 불교를 알아듣기 쉽도록 번역하는 것을 우선하였던 것에 반해, 현장은 원어의 정통성을 중시했다. 이는 분명 전달자의 판단과 선택의 문제이다.

암송에 의한 전승 과정에서 얼마만큼의 변화가 존재했는지는 알 수 없다. 대조군인 최초의 원 자료가 존재하지 않기 때문이다. 다만 기록으로 전해지는 뚜렷한 경전이 존재하지 않는 상황에서 암송자에 의한 전달은 변화의 여지가 크다는 점만은 누구나 동의하는, 매우 분명한 사실임이 틀림없다.

한편 율장은 경전과 달리 필연적으로 변형되어야 할 필요가 있다. 율이란 불교 교단을 유지하는, 일종의 법과 같은 규범으로 이를 어겼을 경우 징벌이 따르게 된다. 문제는 붓다가 제정한 율은 붓다 당시의 생활상을 반영한 것이라는 점이다.

시대의 변화와 함께 사람들의 생활 방식은 변모하기 마련이다. 그것도 수십 년 정도가 아니라, 수백 년의 시차가 존재한다면 생활 방식의 변화는 막대하다. 그러한 상황에서 율, 즉 승단의 법적 기준이 변화하는 것은 당연한 일이다. 실제로 현존하는 율장에는 많은 재개정의 자취들이 남아 있다.

이처럼 암송 전승이란 동일한 내용에 대한 전승이 아니라, 끊임없이 수정되는 전승이었다. 특히 문화권이 다른 지역으로 불교가 전파되었을 때는 더욱 강력한 재개정의 필연성을 요청받게 된다. 시간적, 공간적인 확대에 의해 불교의 율은 점점 더 바뀌었던 것이다.

암송 전승의 한계와 대승불교

암송 전승에 따른 문제점을 예상해 보는 것은 어렵지 않다. 더욱이 인도불교는 이 암송 기간이 무려 500여 년이나 된다. 이로 인해 역사에 실재했던 초기불교의 내용들은 심하게 흔들리며 혼재된다. 결국 원형은 흐릿해지고, 변화 과정에서 암송해야 할 내용은 많아지는 웃지 못할 상황이 벌어진다.

암송으로 전승되던 불교가 기원 직전에 점차 기록되기 시작하는 것은 당시의 시대적인 변화, 즉 외부 배경이 존재한다. 그러나 여기에는 불교 내부적으로도 더 이상 외울 수 없을 만큼 내용이 많아진 이유도 있다. 말이란 글로 옮겨질 때 분량이 줄기보다는 반대로 늘어나기 마련이다. 이러한 상황을 500여 년이나 거치니, 이제는 평생을 외워도 외울까 말까 하는 자가당착에 봉착한 것이다.

현존하는 불교의 가장 오래된 자료는 전체가 암송에 유리하도록 많은 부분이 운문(게송)으로 되어 있는 『숫타니파타』·『법구경』·『장로게』·『장로니게』와 율장의 가장 오래된 부분인 「건도부犍度部」이다. 그다음으로 앞서 언급한 바 있는 네 가지 경장인 『잡아함경(쌍윳따 니까야)』·『중아함경(맛지마 니까야)』·『장아함경(디가 니까야)』·『증일아함경(앙굿따라 니까야)』과 여섯 가지 율장인 『사분율』·『오분율』·『십송율』·『마하승기율』·『설일체유부율』·『빨리율』이 존재한다.

운문으로 된 게송 문헌이 오래된 자료라는 점은 불교의 암송문화를 잘 나타내 준다. 그러나 좀 더 생각해 보면 붓다가 가르침을 운문 중심으로 말했을 리는 없다. 물론 상황에 따라서 시와 같은 게송 등을 사용했을 수는 있지만 자신의 말 대부분을 시나 노래의 형태로 하는 사람은 존재하지 않는다. 이는 이들 자료도 원형이 아닌 후대에 개변된 암송 과정의 필요에 의하여 손을 탄 자료라는 것을 알게 한다.

붓다의 가르침은 주로 원시 마가다어라는, 현재는 전하지 않는 언어로 행해졌다. 즉 원어도, 원 자료도 확인이 어려운 상황인 셈이다. 남방불교에 전해진 언어는 서북인도의 방언인 빨리어이며, 이는 인접 언어이기는 하지만 결국 다른 언어이다. 결국 붓다의 원 자료 복원은 불가능하며, 이러한 문제를 야기시킨 가장 중요한 논점에 인도의 암송문화가 존재한다는 점은 분명하다.

　부파(소승)불교의 암송문화에는 변화가 존재하지만 그럼에도 나름의 원칙을 가지고 유지하려는 모습도 확인된다. 이는 '사아함四阿含'과 '육부율六部律'이라는 제한된 변화만 존재하는 것을 통해서 인지해 볼 수 있다. 즉 다양성의 폭이 새롭게 대두한 대승불교의 경전들과 달리 제한적이라는 말이다.

　부파불교의 문헌이 나름의 원칙을 고수하려고 했다는 것은 전통적인 권위를 잃지 않으려는 의지와 관련된다. 불교교단의 정통성과 정체성을 유지하려는 필연성이 작동한 결과라고 이해하면 되겠다.

　그러나 이는 필연적으로 새로운 변화를 수용하기에는 제한적이라는 양면성을 가지게 된다. 옛것을 익혀서 새것을 안다는 온고지신은 전통과 새로운 변화의 조화라는 점에서 매우 바람직하다. 다만 전통은 새로운 것이나 변화를 적극적으로 받아들이기보다 기존의 것을 옹호하고 유지하려 하므로 보수적이기 마련이며, 변화에는 시대의 요구에 따른 변화와 발전을 추구하므로 진보적일 수밖에 없다. 이러한 양면을 적절히 조화시킨다는 것은 결코 쉬운 일이 아니다.

　종교 전통은 세월이 축적될수록 보수적이고 경직되기 마련이다. 이러한 점에서 부파(소승)불교는 기원 전후, 새로운 시대적 변화를 수용하기에 더 이상 유연하지 못했다. 바로 이 지점에서 부파불교의 논점을 계승하고 문제 해결을 위한 새로운 관점을 제시하며 등장하는 것이 바로 대승불교다.

시대정신을 반영한
열린 구조의 대승불교

기원 전후의 부파불교가 기존의 건축물을 리모델링한 데 비유할 수 있다면 대승불교는 신축 건물에 비유할 수 있다. 리모델링은 제아무리 파격적이라도 기존 건물의 골격을 유지할 수밖에 없다. 이에 비해 신축 건물은 완전히 새로운 건축 형태를 띠게 된다. 그럼에도 대승 역시 불교일 수 있는 이유는 이들이 불교의 기존 문제의식에 입각해서 새로운 해법을 도출하고 있기 때문이다.

부파불교의 문헌은 리모델링이라는 제한적이고 닫힌 경전 구조를 갖고 있다. 이로써 새로운 경전이 대두하기보다는 기존 경전에 대한 주석서가 다수 등장한다. 시대의 변화에 따른 변화가 불가피한 경우 그러한 부분을 주석을 통해 해소하려는 노력이 나타나는 것이다. 소위 '육족론六足論'으로 불리는 설일체유부의 『아비달마집이문족론阿毘達磨集異門足論』·『아비달마법온족론阿毘達磨法蘊足論』·『아비달마시설족론阿毘達磨施設足論』·『아비달마식신족론阿毘達磨識身足論』·『아비달마품류족론阿毘達磨品類足論』·『아비달마계신족론阿毘達磨界身足論』과 기원전 2세기 가다연니자迦多衍尼子(kāeyayanī-putra)가 찬술한 『아비달마발지론阿毘達磨發智論』(20권) 등이 그것이다. 육족론에 모두 '발 족足' 자가 들어가는 것은 이들 논서가 발과 같은 보조적인 주석서임을 나타내 준다.

이 중 『아비달마발지론』의 주석서가 부파불교의 총서로도 불리는 200권으로 된 『아비달마대비바사론阿毘達磨大毘婆沙論(Abhidharmamahāvibhāṣā-śāstra)』이다. 그리고 이 『아비달마대비바사론』을 경량부經量部의 입장에서 축약·정리한 것이 바로 세친世親(Vasubandhu)의 『아미달마구사론』(30권)이다.

경전의 확장이 불가능한 상황에서 주석서가 등장하고, 주석에 대한 재 주석을 통해 부파불교는 시대의 변화를 수용하면서 발전한다. 그러나 이러한 방식은 주석이 경전보다 많아지는, 이를테면 배보다 배꼽이 큰 상황을 연출하며 점점 더 난해해지는 문제를 초래한다.

대승불교는 부파불교의 문제의식을 계승하는 새로운 해법에서의 실천 운동이다. 이들은 붓다가 되는 것을 목적으로

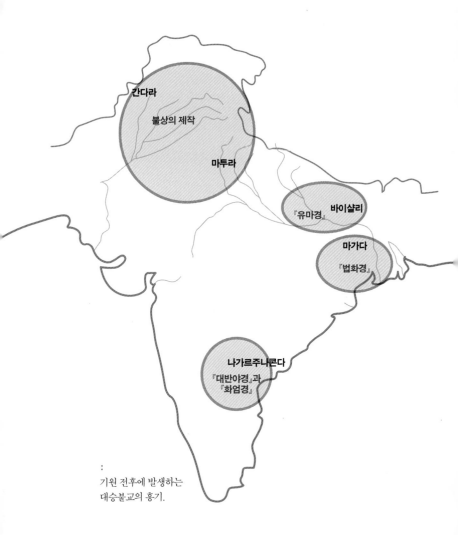

간다라

불상의 제작

마투라

『유마경』 바이샬리

마가다

『법화경』

나가르주나콘다

『대반야경』과
『화엄경』

:
기원 전후에 발생하는
대승불교의 흥기.

정조준하는데, 이의 실천자를 '보살'이라고 칭한다. 이 명칭은 35살에 부다가야에서 깨달음을 얻기 전의 싯다르타를 가리키는 특징적인 용어이다. 즉 1~35세까지 싯다르타는 붓다가 될 사람으로서, 일반인과는 다른 보살로 칭해진다. 이 보살의 폭이 넓어지면 전생의 싯다르타까지를 지칭하는 존칭이 된다. 즉 반드시 붓다가 될 사람에 대한 특칭이 보살인 것이다.

기원 전후에는 아쇼카왕에 의한 통일 시대를 거쳤기 때문에 통일제국에 따른 새로운 보편성에 의해서 기존의 보수적인 특수성이 약화된다. 즉 새로운 변화의 가능성이 다양하게 공존하던 시대인 셈이다. 이를 반영해서 붓다의 추구자들은 붓다의 가르침을 통해 새로운 시대에 걸맞은 경전들을 구성하기 시작한다. 이것을 비슷한 범주로 묶은 것이 바로 대승경전군이다.

대승불교는 부파불교와 달리 경전에서 전통과 관련된 닫힌 구조가 존재하지 않는다. 또 붓다를 이상적인 목표로 하기 때문에 붓다를 관념 속에 소환해서 가르침의 직접적인 대상으로 등장시킬 수 있었다. 이는 시대정신을 갖춘 여러 주제의 다양한 경전들이 만들어지는 이유가 된다. 즉 열린 경전의 가능성이야말로 대승불교의 최대 무기였던 것이다.

또 대승불교는 석가모니불의 가르침으로 내용을 충족시

킬 수 없다고 판단되면, 다른 세계의 붓다를 등장시키는 것에 주저함이 없었다. 이는 파격적인 행보이다.

한편 당시의 시대상을 반영한 개혁적이면서도 실천적이며, 대중과 함께하는 면모를 강조한다. 이것이 육바라밀六波羅蜜(보시·지계·인욕·정진·선정·지혜)이나 사섭법四攝法(보시·애어·이행·동사)과 같은 실천 운동이다. 또 이러한 실천의 모범자를 '위대한 보살', 즉 '보살마하살菩薩摩訶薩'이라고 부르며 이상 인격으로 삼았다. 즉 대승불교는 이상적 관념의 붓다에게 직접 들은 가르침을 바탕으로 스스로 보살이 되어 붓다가 되고자 한 불교의 위대한 실천 혁명이었던 것이다.

이와 같은 대승불교의 행보는 시대적 변화 요구에 따른 불교적인 대응이었다. 이는 기원 전후 인도 전역에서 『대반야경』과 『화엄경』, 그리고 『법화경』과 『유마경』 등의 다양한 장편의 경전들이 등장하는 것을 통해서 확인해 볼 수 있다.

부파불교와 대승불교의 경쟁

불교 교단에서는 붓다에 의해 가톨릭의 교황제와 같은 방식이 배척되고, 개별 구성원의 자기 결정을 존중했다. 태생적으로 집권적인 성격이 아닌 분권적 특징을 가지고 있었던 것이다. 그런데 이러한 특징은 아이러니하게도 다양성이 발전할 수 있는 배경이 된다.

기준이 없다면 이단도 성립할 수 없다. 이는 대승불교의 다양성이 등장하기 쉬운 구조를 확보해 준다.

물론 대승불교가 정통의 권위를 가지는 것은 아니지만, 기원 전후 대승불교의 동시다발적 성립은 오랜 전통을 가진 부파불교의 입장에서는 상당한 도전이 아닐 수 없었다.

가장 문제가 되었던 것은 출가 승단에 대항하는 재가 법사의 등장이다. 재가 법사가 당위성을 가진다면 출가 승단이 존재할 필연성이 약해지게 된다. 즉 승가의 권위가 훼손되는 것이다. 왜냐하면 재가 법사가 당위성을 가질 경우 승가가 삼보三寶 중 하나일 필요도, 또 재가인이 승단에 보시를 할 필연성도 무너지기 때문이다.

붓다 약왕보살아! (…) 만약 성문의 소승이 이 경전을 듣고 놀라 의심하며 두려워한다면, 이 사람은 무지하면서 안다고 생각하는 어리석은 사람인 줄 알아야 한다.

약왕보살아! 어떤 신심 있는 남성과 여성이 여래가 열반한 뒤에 승려와 신도를 대상으로 『법화경』을 가르치려 하면, 다음과 같이 할지어다. 여래의 방에 들어가 여래의 옷을 입고, 여래의 자리에 앉아 승려와 신도를 위해 이 경전을 설해야 한다.

『법화경』 권4, 「10. 법사품」

「법사품」을 보면, 법사가 여래의 방에 앉아서 여래의 옷, 즉 가사를 입고, 여래의 자리(사자좌)에 앉아 가르침을 설한다는 내용이 나온다. 이는 오늘날의 관점에서도 승단이 용인하기 쉽지 않은 측면이다.

대승불교의 이상 인격인 보살은 출가와 재가의 두 종류로 구분된다. 출가한 보살로는 미륵·문수·지장 등이 있으며, 재가의 보살은 관세음·대세지·보현 등이 있다. 즉 부파불교의 출가 교단이 출가한 승려만을 구성원으로 인정하고 있는 것에 반해, 대승불교는 출가자와 재가자가 혼재되어 있는 것이다. 마치 로마 가톨릭에 대항하는 루터의 개신교 운동과 같다. 이와 같은 대승불교의 파격적 행보는 부파불교의 입장에서는 승단의 권위와 독립성에 도전하는 발칙한 모습으로 비추어졌을 것이다.

앞서 이야기한대로 불교는 가톨릭의 교황청처럼 전체를 대변하는 권위를 가진 중심 승가가 존재하지 않는다. 그러므로 대승의 출현에는 가톨릭과 개신교의 대립과 같은 강력하고도 대대적인 충돌은 초래되지 않았다. 실제로 법현의 『불국기佛國記』(『고승법현전高僧法顯傳』)나 현장의 『대당서역기』

:

간다라에서 조성된 미륵보살입상
(3세기 경, 파키스탄, 미국 메트로폴리탄미술관 소장).

및 『자은전慈恩傳』 등에는 대승불교의 출가 승려들이 소승(부파)불교의 사찰에 함께 섞여 살았음이 확인된다. 현장은 이들의 차이를 다만 육식의 금지와 허용(장육淨肉의 허용)으로 구분하고 있을 뿐이다. 이는 대승불교와 소승불교 사이에 대립과 갈등, 눈에 띄는 현격한 차이가 존재하지 않았다는 것을 의미한다.

그러나 사상적인 견해가 다른 두 집단 간에 충돌이 전혀 없을 수는 없다. 특히 재가 법사의 존재로 인하여 양자 사이에 도저히 좁힐 수 없는 깊은 골짜기가 생겼다는 점에서 더욱 그렇다.

:
국립고궁박물관에 소장되어 있는 고려시대 『묘법연화경』 권제6의 변상도 부분.
사람들이 성내며 돌을 던지고, 위협해도 '그대들은 모두 성불하리라'라고 말하는
상불경보살의 모습이 묘사되어 있다.

『법화경』권6의「상불경보살품常不輕菩薩品」에는 자신을 핍박하는 모든 이를 붓다로 생각하는 상불경보살이 등장한다. 비록 상불경보살이 석가모니불의 전생이라고 되어 있기는 하지만, 이는 당시 소승불교가 대승불교를 비난하는 정황을 짐작할 수 있게 한다.

그런데 흥미로운 것은『대승열반경』에는 이와는 반대로 곳곳에서 계율을 강조하고, 계율을 지키지 않는 승려들에 대한 강도 높은 비판이 존재한다는 점이다. 이는 기존의 문제 있는 승단을 대신하는 존재로『대승열반경』의 전지자들이 위치한다는 것을 의미한다. 즉『법화경』이 성립되던 기원 전후에 대승불교는 부파(소승)불교의 비난 대상이었지만,『대승열반경』이 완성되는 4세기 무렵에는 대승불교의 위상이 높아져서 소승불교를 대체하는 상황에까지 이른 것이다. 이는 이후의 인도불교에서 대승불교 계통의 밀교가 주류가 된다는 점에서도 판단해 볼 수 있다. 즉 대승불교와 소승불교의 점진적인 역전 현상이 확인되는 것이다.

상불경보살 "저는 당신을 깔보지 않사옵니다. 당신이 보살도를 닦아 수행하면 장차 바른 깨달음을 증득해 존경받는 여래가 될 것이기 때문입니다." 이 말을 들은 이들은 그에게 화를 내며 악의와 불신에 찬 말로 비난하고 모욕했다.

"이 승려는 묻지도 않는데, 왜 우리를 깔보지 않는다는 말을 하는 것일까? 또 최고의 깨달음을 증득할 것이라고 축원하는 것은 우리의 부족함을 조롱하는 것이다." 득대세得大勢보살아! 이 상불경보살이 이렇게 비난과 모욕을 받으면서 많은 세월이 흘렀다. 그러나 그 누구에게도 화를 내지 않고 악의를 품지 않았다. 그리고 상불경이 말했을 때 흙덩이나 몽둥이를 휘두르는 이도 있었다. 그러나 그는 멀리 떨어져 큰소리로 '저는 당신을 깔보지 않습니다.'라고 했다. 상불경이라는 이름 역시 그에게 이런 말을 듣던 이들이 별명으로 붙여 준 것이다.

『법화경』 권6, 「20. 상불경보살품」

유럽에서는 먼저 정착해 있던 가톨릭에 의해 개신교가 피해자가 되듯, 인도불교에서는 대승불교가 소승불교에게 비정통이라거나 외도라는 비난을 많이 받았다. 이 때문에 대승불교에서는 부파불교를 '소승小乘', 즉 '편협한 이기주의자들'이라 비판하고, 자신들은 '대승大乘', 즉 '위대한 헌신자'라 칭하면서 자부심을 고취하고 단합을 촉구했다.

대승이란 누구나 간편하게 이용할 수 있는 대중교통과 같은 의미다. 대중교통이 자가용에 비해서 저렴하지만, 공공의 권위를 가지며 전용 차로를 이용할 수 있는 것과 같은 당위성을 확보하는 것, 대승불교는 그런 원리를 표방했던 것이다.

소승불교의 비판에도 대승불교가 무너지지 않을 수 있었던 것은 소승불교에도 가톨릭의 바티칸같은 정통의 권위가 없었기 때문이다. 또 초기 대승불교는 체계성을 갖춘 독립된 교단이라기보다는 신앙 운동이나 신앙 결사와 같은 방식으로 존재했기 때문이다. 즉 서로 간 이질적이기는 하지만 바둑 9단과 태권도 9단처럼 논리적 층위가 다르므로 양립이 가능했던 것이다. 마치 기독교도이면서 불교의 명상이나 힌두교의 요가를 배울 수 있는 것과 같은 이중성이 작동할 여지가 존재했다는 말이다. 또 대승불교가 강조한 중생 구제와 능동적인 실천 면모는 소승불교에서 두드러지지 않았다.

아이폰을 만든 애플을 상대로 삼성전자가 취한 포지션은 정면 승부가 아닌, 당시 아이폰에는 없었던 큰 화면의 갤럭시 노트였다. 스티브 잡스는 아이폰은 반드시 한 손으로 구동할 수 있어야 한다는 신념이 있었으므로 잡스의 애플에선 큰 사이즈의 스마트폰은 출시되지 않았다. 바로 이 부분에서 큰 화면이라는 시장 요구에 부합하며 갤럭시가 나름의 위상을 확보했던 것이다.

대승불교 역시 소승불교의 시대적 요구를 반영하지 못한 부분을 해소했기 때문에 나름의 타당성을 확보하고 소승불교와 경쟁하며 존재했다. 흥미로운 것은 6세기 이후 힌두교에서 헌신을 강조하는 박티 운동과 내면적 에너지와 성적 측면을 용인하는 탄트리즘이 유행하면서 대승불교는 점차 밀교로 변모하며 소승불교를 압도한다. 즉 인도불교의 마지막에는 신앙적인 모습이 개인의 수행주의를 넘어서기에 이른 것이다.

열반에 대한 생각과
대승불교의 관점

『대승열반경』의 시작은 여덟 종의 『소승열반경』과 여러 경전에 수록된 열반 문헌에서 비롯된다. 열반이 불교의 목적임에도 이들 문헌에서는 열반에 대한 구체적이고 선명한 모습이 나타나 있지 않다. 그것은 붓다가 '불이 꺼진 것과 같다'는 부정을 통한 긍정과 체득의 방식을 사용하기 때문이다. 실제로 초기불교의 핵심에는 무상無常(항상한 것은 없다)·고苦(이 세상은 고통이다)·무아無我(고정된 실체는 없다)처럼 비판적인 관점에 의한 불명료함의 지향이 다수 존재한다.

　예컨대 한강에 대해 '한강이란 서울을 관통하는, 끊임없이 변화하는 물줄기를 지칭한다.'라고 설명하면 그것은 타당하지만 명확하진 않다. 실제로 우리가 한강이라고 칭하는 것은 '변화하는 물결'임을 정확하게 인지하고 있지만, 그럼에도 우리는 고정된 개념을 공유하고 있기 때문이다. 즉 개념으로서의 한강은 '변화하는 물줄기를 내포하는 규정적인 불변의 요소'라는 말이다.

붓다의 열반 이후 약 200년 무렵에 등장하여 전 인도를 통일한 아쇼카왕의 마우리아왕조는 거대 제국의 성립에 따라 기존과는 다른 조직 체계를 등장시킨다. 이를 통일정책이라고 하는데, 이와 같은 양상은 중국 진시황의 정책에서도 확인된다.

거대 제국을 유지하기 위한 통일정책은 통합적이고도 선명하다. 여러 지역으로 분열되어 있던 소국의 통합·유지는 강력한 중앙 권력에 의한 획일적이고 선명한 정책에 의해서만 가능하기 때문이다. 이는 인도인의 사유 방식에 변화를 초래한다. 즉 '~이 아니다'와 같은 부정적 방식의 사유에서 '~이다'와 같은 사유로의 변화를 초래하는 것이다.

이는 초기불교에서 누누이 강조되었던 무상·고·무아가 상常(항상함)·낙樂(즐거움)·아我(실체가 있음)·정淨(깨끗함)으로 바뀌게 되는 이유를 알게 해 준다. 즉 사회적인 변화에 따른 사유 방식의 변화가 불교에도 반영되고 있는 것이다. 여기에 불교가 종교화되면서 수행자의 표상이었던 붓다는 종교적 대상, 즉 가피를 주는 구원자로 변모한다는 점도 주목할 필

176

요가 있다.

실제로 『증일아함경』 권36의 『열반경』에 해당하는 「팔난품八難品」에는 붓다를 '금강신金剛身(금강 같은 무너지지 않는 몸)'으로 표현하고 있다. 이와 같은 시대적 요구와 변화가 붓다의 이해를 중심으로 진행되는 것이다. 이러한 흐름이 '열반'이란 키워드를 중심으로 재구성되는 게 바로 과도기로서의 『원시대승열반경』이다.

『원시대승열반경』은 『소승열반경』이 『대승열반경』으로 변화하고 확대되는 과정에서 발생하는 과도기적인 경전이다. 그런데 이 『원시대승열반경』에 속하는 『대승열반경』의 가장 이른 시기의 사상에 불신佛身의 완전성과 열반이 상·낙·아·정이라는 열반사덕의 가치가 존재한다. 이는 『소승열반경』으로부터 『대승열반경』이 발생하는 이유가 붓다와 열반의 완전성, 실체적인 항상함에 있다는 것을 알게 해 준다. 그리고 이와 같은 변화의 시작에는 통일제국의 성립과 불교의 종교화에 따른 구원자로서 붓다에 대한 강력한 의존이 존재한다.

『대승열반경』의 중국 전래

『대승열반경』은 4세기 중반에 완성된 것으로 추정되는데, 그 성립은 3세기 정도가 아닌가 한다. 이와 같은 판단이 가능한 것은 『대승열반경』에 '붓다의 열반 후 700년'이라는 경전의 성립과 관련된 구체적인 연대가 기록되어 있기 때문이다. 이는 이른 시기의 대승경전이 '붓다 열반 후 500년', 즉 "후오백세後五百歲"라고 되어 있는 것보다 늦다.

붓다 가섭보살아! 내가 열반한 지 700년 뒤에는 마왕 파순이 점점 나의 법을 혼란케 할 것이다.

『대승열반경』권7, 「9. 사아품邪正品」

붓다 사리자야! 내가 열반에 든 뒤 500년이 되었을 때에, 매우 깊은 반야바라밀다는 동북방에서 큰 불사佛事를 이룩하게 되리라. 왜냐하면 사리자야! 모든 여래·응공·정등각께서 존중하는 진리가 바로 반야바라밀다요, 이러한 반야바라밀다는 모든 여래·응공·정등각께서 보호하시는 가치이기 때문이니라.

『대반야경』권302, 「39. 난문공덕품難聞功德品」

붓다 만일 여래께서 열반에 든 뒤 500년이 되었을 때에, 어떤 여인이 이 경전을 듣고 그 제시된 것과 같이 수행하면 목숨을 마친 뒤 극락세계라는, 보살마하살이 아미타불을 모시고 있는 곳의 연꽃 가운데의 보좌에 태어나게 되리라.

『법화경』 권6, 「22. 촉루품囑累品」

중국으로 전해진 『대승열반경』은 세 종으로 이 중 하나는 부분 번역이다. 즉 완본은 두 종이고, 이것도 같은 책을 재정리해 편집한 것이므로 실제로는 하나의 본이라 해도 큰 문제는 없다.

① 법현 번역(418), 『대반니원경』 6권 18품
② 담무참 번역(421), 『대반열반경』(북본) 40권 13품
③ 혜엄 등 재편, 『대반열반경』(남본) 36권 25품

①의 법현본은 위진남북조시대 남조의 동진시대인 418년에 번역된 것으로 『대반열반경』의 앞쪽 아홉 권까지에 해당한다.

『출삼장기집出三藏記集』 권8의 「육권니원기六卷泥洹記」에 따르면, "마가다국의 수도인 파탈리푸트라(파련불읍巴連弗邑)에 위치한 아쇼카왕의 스투파가 있는 천왕정사天王精舍에서 '가라伽羅'라는 남자 신도에게 입수한 것"으로 되어 있다.

마가다국의 수도는 왕사성이며, 파탈리푸트라, 즉 화씨성華
氏城은 마우리아왕조의 수도이다. 즉 국가명과 수도에 혼선
이 있는 것이다. 법현의 연대로 봤을 때 '마가다를 계승한 마
우리아왕조의 파탈리푸트라'로 이해하는 것이 타당하지 않
은가 한다. 왜냐하면 여기에는 '아쇼카왕탑'과 '파탈리푸트
라'라는 두 가지의 연관된 공통 개념이 존재하기 때문이다.

흥미로운 것은 전수자가 승려가 아닌 남자 신도, 즉 우바
새라는 점이다. 『출삼장기집』 권15의 「지맹법사전智猛法師
傳」에는 법현이 『대반니원경』을 입수한 대상이 바라문의 집
이라고 되어 있다. 즉 가라는 불교 신도였던 바라문이며, 그
장소는 사찰이 아닌 가라의 집이었을 가능성도 있다. 이는
『대승열반경』의 전승이 재가 집단과 관련되었을 가능성이
존재한다는 점에서 주목된다.

또 법현본과 관련해 『역대삼보기歷代三寶紀』 권7에는 번
역자가 각현覺賢으로 되어 있고, 『개원석교록開元釋敎錄』 권
11에는 법현과 각현의 공동 번역으로 되어 있다. 이는 법현
외에도 각현 번역의 가능성을 제기하지만, 일반적으로 법현
설이 받아들여지는 정도이다.

②의 담무참본은 하서왕 저거몽손沮渠蒙遜(368~433)
의 요청으로 실크로드의 천산남로에 위치한 고창姑臧에서
416~423년 번역된다. ③의 남본과 대비해서 '북본'이라고도

한다.

담무참본은『고승전』권2에 따르면, 앞쪽 10권까지는 중인도에서 입수하고, 이후는 실크로드 서역남로의 호탄에서 구한 것으로 되어 있다. 그러나『출삼장기집』권8의「대열반경기大涅槃經記」에는 10권 이후도 인도 쪽에서 입수한 것으로 볼 수 있는 기록이 있어 주목된다. 그러나 호탄 역시 실크로드의 서쪽에 위치해서 아쇼카왕의 아들인 쿠날라(拘浪挐)가 시조라는 설이 있을 정도로 인도의 영향이 강한 국가다. 특히『화엄경』의 완질 정리와 지장 신앙 역시 호탄의 거라제야산佉羅帝耶山과 관련해 발전하는 모습이 살펴진다. 이런 점에서 본다면,『대반열반경』은 인도의 영향이 호탄으로 미쳐 성숙되었다고 봐도 무리는 없다. 즉 인도에서 유통되던『대반열반경』이 있고, 이를 바탕으로 실크로드의 문화 속에서 변화된『대반열반경』이 존재했을 수 있다는 말이다.

다만 담무참본은『고승전』권2나『출삼장기집』권8에 기록된 입수 경로에 확인할 수 있듯 하나의 단일한 경전이 아닌 두 가지『대반열반경』이 연결되어 완질되었다는 점에서 필연적으로 일관성의 문제가 존재한다. 즉 유사하지만 두 가지 본이 결합된 구조이다 보니 혼란스러운 양상이 발생하므로, 이 부분에 대한 정리가 필요했지만 위진남북조시대의 북조 사회가 어수선한 탓에 이루어지지 못했던 것이다. 이를 남쪽 왕조인 송나라에서 정리한 것이 바로 ③의 『대반열반경』이다.

③『대반열반경』은 담무참의 북본을 바탕으로 혜엄慧嚴, 혜관慧觀, 사령운謝靈運 등이 법현본과 대조해 범주를 재편, 완성한 것이다. 즉 남본은 새로운 경전이 아니라 북본(담무참본)과 법현본의 융합인 셈이다.

육조시대의 남조에서는 『열반경』과 열반사상이 크게 유행한다. 회수 이남의 남쪽은 본래 중국의 핵심 지역으로 평가받지 못하는 오랑캐의 땅과 같은 곳이었다. 그러나 조조의 위나라를 전복시키고 등장한 사마씨의 진(서진)이 북방 유목민(오호)에게 무너지면서, 낭야왕 사마예가 현재의 남경인 건업을 수도로 동진을 건국(317)하게 된다. 이후 남조는 한족문화의 중심이 되며, 이는 수나라의 통일로까지 이어진다. 즉 한족의 귀족들은 본토인 강북을 유목민에게 빼앗기고, 졸지에 강남에서 문화가 떨어진다고 생각했던 이들을 지배하며 살게 된 것이다.

이러한 상황에서 모든 이에게 완전함인 불성이 내재한다는 『대반열반경』의 사상은 남조의 한족들을 매료시키기에 충분했다. 불성이라는 내재된 완전성은 현재 가려져 있지만, 본질적인 불변의 정당성을 부여받고 있기 때문이다. 이는 이민족에게 쫓겨온 그들의 자존심이 덜 훼손되도록 하는 사상적인 방어 기제 역할을 하게 된다. 즉 자신들의 터전을 빼앗기고 남하한 한족의 입장에서는 불성사상을 통해 자신들의 정당함을 주장하며 스스로 위로받을 수 있었던 것이다. 마치 대만의 국민당이 중국의 공산당에게 밀려났지만, 그럼에도 정신적인 정당성을 주장하는 것처럼 말이다.

강남의 남조에서 유행한 불성사상은 이후 선불교 중 남종선南宗禪의 개창자인 육조 혜능六祖慧能에게 영향을 주면서, 견성見性, 즉 견불성見佛性(불성을 직시한다)의 사상을 완성하도록 해 준다. 이후 세계 최고의 당나라를 기울게 하는 안녹산과 사사명의 난(755~763) 이후 중국불교는 혜능계 남종선이 주도한다.

『대반열반경』의 핵심은 모든 중생에겐 불성이 존재한다는 보편론으로서의 불성사상이다. 그런데 이 불성사상이 견성성불見性成佛(불성을 직시하면 그대로가 붓다이다)의 남종선에 수용된다. 이는 『대반열반경』을 중심으로 하는 열반종이 독자적인 종파불교의 특성을 잃고, 점차 거대한 남종선의 영향 아래 흡수되었음을 의미한다.

서론과 결론 중
무엇이 중요할까?

천태종의 제8조⦁인 형계 담연荊溪湛然(711~782)은 화엄종에 맞서 천태삼대부天台三大部(『법화현의法華玄義』·『법화문구法華文句』·『마하지관摩訶止觀』)를 주석하며, 천태종을 중흥한 인물이다. 이 담연의 것으로 전해지는 게송 중에 붓다의 49년 설법을 다음과 같이 정리한 것이 있다. 이는 천태종의 교판敎判(교상판석), 즉 붓다의 가르침에 대한 범주와 시대 구분이라고 이해하면 되겠다.

⦁ ① 혜문 → ② 혜사 → ③ 지의 → ④ 관정 → ⑤ 지위 → ⑥ 혜위 → ⑦ 현랑 → ⑧ 담연, 혹 이렇다 할 내용이 없는 ⑤ 지위 → ⑥ 혜위 → ⑦ 현랑을 제외하고 5조로도 인식된다. 또 ① 혜문 앞에 인도의 용수를 넣어서 9조로도 평가된다.

아함십이방등팔 阿含十二方等八

이십이년반야담 二十二年般若談

법화열반공팔년 法華涅槃共八年

화엄최초삼칠일 華嚴最初三七日

《아함경》은 12년간 가르치셨고,

기본적인 대승경전은 총 8년간 설하셨으며,

그다음 22년간은 『반야경』을 말씀하셨다.

『법화경』과 『대승열반경』은 최후의 8년간에 설하셨으며,

『화엄경』은 부다가야의 깨달음 직후인

삼칠일(21일)만에 가르치셨네.

이를 시간순으로 정리해 보면 다음과 같다.

①	21일(12월 8일~28일)	31세	『화엄경』 설법
②	12년	31~42세	(네 종류)《아함경》 설법
③	8년	43~50세	『대보적경』 등 아직 정밀치 않은 대승경전 설법
④	22년	51~72세	반야부 경전군인 『대반야경』 설법
⑤	8년	73~80세	『법화경』 설법
⑥	1일(2월 8일)	80세	『대승열반경』 설법

여기에서 주의해야 할 것은 북방불교의 전통에서는 붓다가

19세에 출가하여, 6년간에 걸쳐 박가바 → 아라라 카라마 → 웃다카 라마풋타에게 가르침을 얻은 뒤, 다시금 6년 고행을 통해 31세가 되는 12월 8일 깨달음을 얻는 것으로 전해진다는 점이다. 이로 인해 80세에 열반에 들 때까지 총 49년간 가르침을 펴신 것으로 되어 있다. 이는 남방불교에서 29세에 출가해, 6년 고행 뒤인 35세에 깨달아 45년간 설법하셨다는 구조와는 다르다. 북방불교권에 남방불교의 설이 전해진 것은 최근이니 당시 천태종은 당연히 49년 설법에 근거하여 분류하고 있는 것이다.

①『화엄경』은 붓다께서 깨달음을 얻으신 부다가야의 정각도량正覺道場, 즉 보리수 아래를 배경으로 한다. 그러나 경전 안에는 후대에 건축되는 기원정사(기수급고독원)가 등장하는 등 다양한 문제점이 존재한다. 그럼에도 경전의 주장을 근거로 21일을 설법 기간으로 상정하고 있다.

②《아함경》과 ③ 방등경 및 ④《반야경》의 시기에 대해서는 명확하게 전해지는 내용이 없으니 대략적인 수용도 가능하다. 물론 대승경전은 기원 전후에 등장한다는 점에서 이와 같은 대·소승이 혼재된 인식에 문제가 없는 것은 아니다. 그러나 이는 당나라 때의 불교 인식이라는 점에서 트집 잡기는 어렵다.

마지막에서는 『법화경』과 『대승열반경』을 설하신 것을

합해서 8년이라고 했지만,『대승열반경』은 기록상 열반에 드는 당일 설법하신 것으로 되어 있다. 이는『소승열반경』이 약 7개월에 걸친 기록이란 점과는 다른『대승열반경』만의 가장 큰 특징이다.

『대승열반경』의 하루라는 시점 설정은 열반이라는 목적에 집중하기 위한 의도로 판단된다. 이렇게 놓고 본다면,『법화경』과『대승열반경』을 설한 합이 8년이라기보다는『법화경』이 8년이고,『대승열반경』은 하루가 되는 셈이다. 그렇다면 ⑤『법화경』과 ⑥『대승열반경』으로 각각 나누어 보는 것도 가능하다.

『법화경』 권5의「종지용출품從地踊出品」에는 붓다께서 가르침을 설하는 시점으로 깨달음을 얻은 지 40여 년 되었다는 내용이 있다(世尊! 如來爲太子時, 出於釋宮, 去伽耶城不遠, 坐於道場, 得成阿耨多羅三藐三菩提。從是已來, **始過四十餘年**。). 이를 근거로『법화경』의 설법 시점을 늦춰 잡는 것이다. 또『법화경』은 일곱 권으로『대승열반경』의 마흔 권과는 분량 면에서 비교가 되지 않는다. 이런 점에서 본다면, 8년 만에 일곱 권을 설하고, 하루 만에 마흔 권을 가르쳤다고 하는 것은 이해되기 쉽지 않다. 즉 이 부분에도 실제적인 사실이라기보다는 의미적인 상징 요소가 강하게 작용하고 있는 것이다.

붓다의 49년 가르침을 층위로 나누면, 가장 먼저 ①『화엄경』을 설해서 최고의 교화 대상들을 충족시켜 준다. 그러나 이는 21일이라는 주장처럼 다분히 상징적이다. 이 때문에 『화엄경』은 담연의 게송에서 맨 앞 구절로 등장하는 것이 아니라, 편지를 쓸 때 추신을 달 듯 부기 형식으로 기록되어 있다.

①『화엄경』이 붓다의 깨달음에 대한 상징적인 천명이라면, 이후에는 ②《아함경》부터 ⑤『법화경』과 『대승열반경』에 이르는 점진적인 차례의 가르침이 베풀어진다. 즉 ①『화엄경』이 붓다께서 깨달으신 경지에 대한 최고의 가르침을 천명한 것이라면, ②《아함경》은 초등학교, ③ 방등경은 중학교, ④『대반야경』은 고등학교, ⑤『법화경』과 『대승열반경』은 대학교 정도라고 이해하면 되겠다. 물론 ⑤『법화경』을 대학교, ⑥『대승열반경』을 대학원으로 분리하는 것도 가능하다.

천태종은 『법화경』을 종파의 중심이 되는 최고 경전으로 판단한다. 그러므로 『법화경』과 『대승열반경』을 하나로 묶어 붓다의 마지막 유언과 같은 최고이자 비밀스러운 가르침으로 설정하고 있는 것이다. 그렇다면 왜 『화엄경』은 21일의 기록임에도 불구하고 독립된 게송의 한 줄을 차지하는 반면, 『대승열반경』은 그렇지 못하는 것일까?

여기에는 두 가지 이유가 있다. 첫째, 형계 담연 당시 중국불교의 최고 종파는 단연 화엄종이었다. 천태종은 당나라 이전의 수나라(581~618) 때 부각해서 강력하게 대두하였으나, 수나라가 37년의 단명 왕조로 끝나면서 망국의 책임으로 부터 완전히 자유로울 수 없었다. 또 수나라의 본래 기반은 중국 회수 이남의 강남 지역이다. 물론 통일 후에는 장안(대흥大興, 581~605)과 낙양洛陽(605~619)으로 옮기지만, 천태종은 기존의 강남 지역에 안주하고 있었다. 이로 인해 장안 남쪽의 종남산終南山에서 시작되는 화엄종에 주류를 내주게 된다. 이런 상황에서 담연이 강북에서 활약하며 천태종의 중흥기를 만들어낸다. 그러나 이때는 화엄종이 강력했기 때문에 제아무리 천태종의 입장이라 하더라도 화엄종을 의식하지 않을 수는 없었다.

둘째는 붓다의 마지막 가르침이라는 최후의 상징을 천태종이 『법화경』에 투영하려고 했기 때문에 『대승열반경』에 돌아가야 할 영예를 『법화경』과 『대승열반경』으로 나누게 된 측면이다.

인도에서는 위대한 군주가 목숨이 다하여 차기 군주에게 왕위를 넘길 때 상투에 넣었던 보석 구슬(계주髻珠)을 이양해 주는 문화가 있었다. 조선의 예로 옥새 이양을 생각해 보면 되겠다. 일반적인 벼슬과 재물은 보통 때도 나누어 준다. 하지만 왕위만큼은 자신이 죽음에 다다라야만 물려 줄 수 있는 것으로, 보석 구슬의 이양은 이러한 상징적 의미를 담고 있다. 이는 『법화경』 권5 「안락행품安樂行品」의 〈계주유(상투

189

속 보석 구슬의 비유)〉 등을 통해서 확인해 볼 수 있다. 특히 이 비유가 『법화경』에서 중시하는 일곱 가지 비유● 중 하나로 등장하고 있다는 점에서 더욱 그렇다. 즉 『법화경』에 왕위 계승과 같은 최고의 상징을 입게 하기 위해서, 천태종의 입장에서는 『대승열반경』과 함께 거론되는 것이 필연적이었다.

만일 열반종이 하나의 뚜렷한 종파(학파)로 제대로 작동하고 있었다면, 『법화경』과 『대승열반경』은 명확하게 분리되었을 것이다. 이런 점에서 본다면, 붓다의 마지막 상징적 가르침은 시점으로만 놓고 본다면 『법화경』보다는 당연히 『대승열반경』에 있다고 하겠다. 실제로 『대승열반경』에는 다음과 같은, 『대승열반경』이 최고의 경전임을 강조하는 많은 구절이 기록되어 있다.

> **붓다** 선남자여! 비록 모든 경전의 선정을 닦더라도, 『대반열반경』을 듣지 못하면 나는 이 선정들이 모두 무상하다고 말한다. 이 경을 듣기만 하면 비록 번뇌가 있더라도 번뇌가 없는 것과 같아, 인간과 신들을 평안하게 하느니라.

● ① 화택유火宅喩 –「비유품譬喩品」, ② 궁자유窮子喩 –「신해품信解品」, ③ 약초유藥草喩 –「약초유품藥草喩品」, ④ 화성유化城喩 –「화성유품化城喩品」, ⑤ 의주유衣珠喩 –「오백제자수기품五百弟子授記品」, ⑥ 계주유髻珠喩 –「안락행품安樂行品」, ⑦ 의자유醫子喩 – 여래수량품如來壽量品.

왜냐하면 자기의 몸에 불성이 있는 줄을 분명히 알며, 이것은 항상하기 때문이니라.

『대승열반경』권8, 「14. 조유품鳥喩品」

붓다 선남자여! 마치 해가 뜨면 안개가 모두 사라지는 것처럼, 『대반열반경』도 그와 같아서 중생들의 귀에 한 번만 스쳐가도 모든 악업과 무간지옥의 죄가 사라지느니라. 이 『대반열반경』의 깊고 묘한 경계는 헤아릴 수 없다. 왜냐하면 여래의 미묘한 성품을 말한 것이기 때문이니라.

『대승열반경』권9, 「15. 월유품月喩品」

붓다 선남자여! 해와 달의 광명이 모든 밝은 것 중 제일이어서 온갖 빛이 미칠 수 없음과 같이, 『대반열반경』의 광명도 그와 같아 모든 경전의 삼매의 빛 중 가장 훌륭하여 다른 경전으로는 도저히 미칠 수 없느니라.

『대승열반경』권9, 「16. 보살품」

붓다 무구장왕보살無垢藏王菩薩아! 대승의 방등경전이 비록 한량없는 공덕을 성취하였지만 이 『대승열반경』과 견주어 보면 비교될 수 없느니라. 그 차이가 너무 커서 백 배, 천 배, 백천만억 배 내지 숫자와 비유로는 도저히 미칠 수 없느니라.

『대승열반경』권13, 「19. 성행품」

붓다 붓다에게서 초기경전의 12범주(십이부경十二部經)가 나오고 12범주에서 수다라 경장經藏이 나오며, 수다라에서 대승의 방등경이 나오고, 방등경에서 『반야바라밀다경(반야경)』이 나온다. 이『반야바라밀다경』에서 최후로『대반열반경』이 나오니,『대반열반경』은 우유가 최상으로 정제된 정수인 제호醍醐와 같으니라. 제호는 곧 불성에 비유한 것이니, 불성은 그대로가 여래이니라.

『대승열반경』권13, 「19. 성행품」

『화엄경』의 최초 21일과『대승열반경』의 마지막 하루가 가지는 의미는 붓다가 전한 가르침의 서론과 결론이라고 보면 된다. 서론과 결론 중 무엇이 더 의미가 있을까? 오늘날에는 모두 바쁘기 때문에 결론보다는 서론이 중요하다. 문장도 미괄식보다는 두괄식으로 써야 하고, 드라마나 영화도 전개를 너무 뜸 들이면 안 되며, 곧장 내용으로 들어가 빠른 사건 전개를 보여야 한다. 현대는 기다림의 미학이나 독자의 인내심을 기대하기 어려운 시대이기 때문이다.

그러나 동아시아 전통에서 놓고 본다면 서론보다는 결

론이 더 중요하다. 이는 과거, 책의 서문에 해당하는 발문을 책의 맨 뒤에 배치하는 것을 통해서 인지될 수 있다.

우리나라 유교의 논점 중에 '주자만년정론朱子晩年定論'이라는 것이 있다. 주자의 만년, 즉 최후의 정수와 같은 이론(정론)은 무엇이었는가에 대한 것이다. 즉 현대와는 다른 대미大尾에 방점이 찍히는 것이다. 이렇게 놓고 본다면, 대승경전의 설해진 시기 나열과 관련해서 여기에 해당하는 것은 단연 『대반열반경』이라고 하겠다. 또 이와 같은 강력한 상징성을 천태종 역시 인지하고 있었기 때문에 『법화경』을 『대승열반경』과 묶어서 하나의 범주로 구성하고 있는 것이다.

선남자여, 부처님과 보살들은 마침내 마음에 깨
끗한 성품과 부정한 성품이 있다고 결정한 말을
하지 아니한다. 왜냐하면 깨끗한 마음이나 부정
한 마음이 모두 머무는 곳이 없는 까닭이다.

인연을 따라 탐욕을 내므로 없는 것이 아니라고
하지만, 본래 탐욕의 성품이 없으므로 있는 것도
아니라고 말하느니라.

-

『대승열반경』 권23, 「22. 광명변조고귀덕왕보살품」

02

대승의 열반경은
무엇을 말하고 있는가?

|

열반경의 핵심 사상

선남자여! 이 미묘한『대열반경』이 모든 선한 법의 보배 창고이니라. 마치 큰 바다가 여러 가지 보배를 간직하듯이,『열반경』도 그와 같아서 온갖 글자와 뜻의 비밀한 봉안처가 되느니라.

선남자여! 수미산이 모든 약의 근원이 되듯이, 이 경전도 그와 같아 보살계菩薩戒의 근본이 되느니라.

선남자여! 허공이 온갖 물건을 용납해서 받아들이는 것처럼, 이 경전도 그와 같아 온갖 선한 법이 머무는 곳이 되느니라.

선남자여! 맹렬한 바람을 붙들어 맬 수 없듯이,
모든 보살로 이 경전을 행하는 이도 그와 같아 모
든 번뇌의 나쁜 법에 얽매이지 않느니라.

선남자여! 금강을 깨뜨릴 수 없는 것처럼, 이 경
전도 그와 같아 외도나 나쁜 사람들이 깨뜨릴 수
없느니라.

선남자여! 갠지스강의 모래 수를 셀 수 없는 것처
럼, 이 경전의 뜻도 그와 같아 셀 수 있는 사람이
없느니라.

—

『대승열반경』 권3 「24. 가섭보살품迦葉菩薩品」

무상·고·무아·공과
상·낙·아·정

붓다의 가르침에서 사성제와 사법인 그리고 연기(관계성) 및 중도(시의적절함)와 함께 가장 많이 언급되는 것이 무상·고·무아·공이다. 오온·십이처·십팔계의 삼과설이 더 많이 언급되기는 하지만 이는 붓다 당시 사문들이 세계를 이해하는 관점(요소설)으로 붓다에 의해 새롭게 제시된 불교 교리는 아니다.

무상·고·무아·공은 불교가 현상세계를 이해하는 관점이다. 여기에서의 공은 기원 전후 반야사상의 흥기와 함께 대두되는 공사상처럼 세련되게 발전한 형태는 아니다. 즉 초기 불교의 공이란, 연기설과 관련된 현상 이해에서 고정된 실체가 없음을 지칭하는 공사상의 초기 형태라고 이해하면 된다. 이런 점에서 공보다 무게 비중이 큰 것은 무상·고·무아다.

무상·고·무아가 좀 더 구체화되어 교리적인 구조를 잡으면 사법인이 된다. 사법인은 앞서도 언급한 ① 제행무상·② 제법무아·③ 일체개고·④ 열반적정이다. 이를 알아보기 쉽도록 대응해 보면 다음과 같다.

무상	제행**무상**
고	일체개**고**
무아	제법**무아**
공	열반적정

무상·고·무아의 셋은 사법인과 정확한 대응 관계임을 알 수 있다. 다만 공이 열반적정과 대응하느냐에 관해서는 이를 비슷하게 볼 여지도 있지만, 일치한 관계로 판단하기에는 문제가 있다. 실제로 무상·고·무아의 원형에 공이 추가되며, 사법인도 제행무상·일체개고·제법무아로서 원형인 삼법인에 열반적정이 추가되어 사법인이 됐다고 보는 것이 옳다. 이는 불교에 존재하는 숫자 4에 대한 강렬한 지향성 때문이다.

'4'라는 완전성

붓다 당시 인도는 4진법 체계를 사용했다. 현대의 우리가 10진법을 사용하는 것처럼 당시 인도인들은 4진법을 썼던 것이다. 이 때문에 붓다와 관련한 내용 가운데는 4와 4의 배수가 다양하게 등장한다.

붓다의 아버지인 정반왕의 형제는 네 명(백반왕·곡반왕·감로반왕)이다. 또 붓다의 사촌은 총 여덟 명(붓다·난타/제사·발제/마하남·아나율/제바달다·아난)인데, 이를 합해서 4남男8자子라고 한다.

붓다는 4월 8일에 32상(4×8) 80종호를 갖추어 탄생하고, 중심 교리는 사성제·팔정도·십이연기다. 또 16대국을 다니시며 80세를 일기로 열반하시니, 여덟 개 나라의 왕들이 불사리탑을 모셨고, 이는 후에 아쇼카왕에 의해 8만 4천 탑으로 확대된다.

이상을 보면, 우리는 붓다와 관련해서 4와 4의 배수가 압도적인 중요성을 가지고 등장하는 것을 알 수 있다. 이는 4진법 체계에서 4와 4의 배수가 완전한 수(만수滿數)로 인식되기 때문이다. 10진법을 사용하는 우리 역시 10×10인 100을 한자로 '일백 백百'이라고 하지만, '온 백'이라 하기도 한다. 온백의 온이란, '온전하다'는 의미다.

또 10진법이 확대되면서 100×100인 10,000을 완전함의 의미로 사용하게 되는데, 이는 만물·만사·만세·(자손)만대 등의 표현을 통해서 확인해 볼 수 있다.

어쨌든 붓다 당시 인도에서는 4와 4의 배수에 완전함의 의미가 존재하고 있는 것이다.

4라는 완전성에 대한 추구 때문에 무상·고·무아는 공과 결합된다. 또 삼법인 역시 열반적정을 더해 사법인으로 변화한다.

무상·고·무아와 제행무상·일체개고·제법무아는 불교의 현상에 대한 인식으로 공이나 열반적정과는 논리적인 층위가 다르다. 여기에는 백두산·한라산 같은 높은 산을 이야기하다가 갑자기 하늘을 말하는 것과 같은 불균형의 문제가 존재하는 것이다. 또 이렇게 추가되는 과정 속에서 공과 열반적정의 대응 불일치도 발생하게 된다.

현상세계에 대한 진리

무상·고·무아에서의 무상이란, 이 세계는 잠시도 멈추어 있지 않고 끊임없이 변화하는 '흐름'이라는 의미이다. 시간의 흐름 속에서 본다면, 바위와 같은 무생물도 정지해 있거나 불변하는 것이 아닌 변화 속에 존재하는 흐름의 산물일 뿐이다. 즉 우주의 그 어느 곳에도 멈추어진 고정된 존재는 없다는 말이다.

또 무아란, 그렇게 변화하는 흐름에는 실체가 있을 수 없다는 의미이다. 현상세계에 아주 작은 일부라도 불변의 항상한 측면이 존재한다면 그것은 완전한 흐름일 수 없다. 즉 우주에는 어떠한 경우에도 정지된 실체가 없는 것이다.

무상과 무아는 붓다가 말하고자 하는 가장 중요한 핵심이다. 무상과 무아라는 거스를 수 없는 변화의 흐름이 존재하기 때문에 우리가 인지하는 현상세계는 모두 꿈과 같은 허상이 된다. 그러므로 이것에 얽매이는 것은 전부 고통이 된다. 즉 진실하지 않으므로 고통이라는 의미이고, 연기, 즉 관계성에 의해 가설되었으므로 고통이라고 한다.

또 무상과 무아는 모든 것은 변화라는 흐름 속의 존재임을 역설한다. 그러므로 우리는 태어나면서부터 늙고 죽어 간다. 현상적인 즐거움을 느낄 때에도 우리는 죽어 갈 뿐이다. 마치 한 번 감긴 시계태엽은 계속 풀리기만 하는 것처럼 말이다. 이 때문에 상황에 관계없이 모든 것은 죽음으로 치닫는 특급열차라는 고통이 되고 만다.

이렇게 놓고 본다면, 무상·고·무아는 우리가 사는 이 세계, 즉 현상에 대한 올바른 인식임을 알 수 있다. 즉 공이나 열반적정이 현상이 아닌 이상적인 비실체의 관점을 견지하는 것과는 분명한 차이가 존재하는 것이다.

열반적정과 공

붓다는 이 세계가 고통일 수밖에 없는 이유를 두 가지로 설명하고 있다. 하나는 꿈과 같은 거짓이기 때문에 고통이라는 것이다. 또 하나는 인간에겐 숙명적으로 죽음이 담보되어 있기 때문에 고통이라는 것이다.

고통의 근원은 무상과 무아라는 존재의 배경을 올바르게 이해하지 못하기 때문이다. 만일 이 무상과 무아를 분명히 인식하면 이 세계와 나에 대한 집착이 사라지면서 고통은 열반으로 치환된다. 일체개고의 불이 꺼지면서 열반적정이 드러나는 것이다. 이것이 바로 사법인이 제시하는 원리이다. 즉 일체개고와 열반적정은 빛과 어둠처럼 서로 양립 불가능한 가치인 것이다.

한편 무상·고·무아·공에서의 공이란, 열반적정처럼 고와 양립 불가능한 개념이 아니다. 그보다는 연기라는 관계성 속에 존재하는 현상, 즉 허상에 실체는 존재하지 않는다는 점을 드러내고 있을 뿐이다.

원효와 요석공주는 부부 관계이다. 원효와 요석공주는 독자적으로 존재하는 개별적인 인간이다. 그러나 부부라는 관계는 양자가 함께 있을 때만 성립한다. 원효가 먼저 죽는다면, 요석공주는 존재하지만 더 이상 이 세계에서 부부 관계는 존재하지 않는다. 왜냐하면 부부란 관계에 의해 부여된 명칭이므로 배우자의 사망이나 이혼 등에 의해 관계가 끊어질 때 그 명칭으로 더 이상 불릴 수 없기 때문이다. 즉 부부라는 명칭은 가설된 것으로 뚜렷한 실체가 존재하지 않는다는 말이다.

붓다의 연기설은 이 세계의 구성을 관계성으로 이해한다. 그러므로 관계성 너머의 전지적 시점으로 바라본다면, 그것에는 실체가 없는 비어 있는 상태일 뿐이다. 마치 꿈속에서 꿈을 보면 실체로 느껴지지만, 그것이 꿈임을 알게 되면 모두가 허상에 지나지 않는 것처럼 말이다.

열반사덕

4세기 중반 완성되는 『대승열반경』은 '열반사덕涅槃四德'이라는 열반의 네 가지 속성을 강조하고 있다. 이는 무상·고·무아·공이나 사법인에서처럼 네 번째 항목(공)과 세 번째 항목까지와의 불균형한 부분 없이 모두 실체적인 개념으로 짜

맞추어져 있다. 이는 『대승열반경』의 성립이 늦어 당시의 불교 교리가 4진법에 의해 통일된 경향이 일반화되어 있었기 때문으로 풀이된다.

이해하기 쉽도록 열반사덕을 포함해서 전체 관계를 제시해 보면 다음과 같다.

무상(항상하지 않다)	제행**무상**	상常(항상하다)
고(고통이다)	일체개**고**	낙樂(즐겁다)
무아(실체는 없다)	제법**무아**	아我(실체가 있다)
공(허상이다)	열반적정	정淨(깨끗하다)

열반사덕 중 상·낙·아는 무상·고·무아와 정반대의 개념임을 알 수 있다. 그러나 공과 정은 반대 개념이 아니다. 한편 상·낙·아·정 간에는 실체적이며 긍정적인 개념이라는 점에서 균질성이 존재한다.

열반사덕은 붓다의 가르침에 정면으로 위배된다. 그러나 붓다의 연기설이나 무상·고·무아와 같은 것은 이 세계, 즉 현실에 대한 올바른 이해를 촉구하는 것일 뿐이다. 불교의 목적은 현실세계를 올바르게 이해하여 윤회를 끊고 열반에 드는 것이다. 이런 점에서 열반을 윤회하는 이 세계의 반대, 즉 거울과 같은 모습으로 생각해 보는 것도 가능하다. 이런 판단이 바로 열반사덕의 상·낙·아·정이다.

상·낙·아·정은 부정을 거친 역설이며, 열반을 실체 시
하는 관점에서의 이상적인 제시이다. 즉 열반 이후의 붓다가
불교도들의 기원과 바람을 들어주기 위해서는 '비실체의 실
체'로 존재해야 하는 것이다.

깨침이 완성된 열반의 경계는 항상해야 하는데 이는 영
원불변의 의미와 통한다. 또 이것은 행복의 완성이어야 하므
로 즐거움이 된다. 그리고 열반은 실체 없음을 넘어서는 초월
적인 실체이며, 더러움이 존재하지 않는 완전한 깨끗함이어
야만 한다.

『대품반야경』이나『소품반야경』에서 일체는 공으로 현상
자체는 실체를 가지지 않는 관계성에 의해 규정된 가상일 뿐
이다. 그러나 이 공이란 사실 자체는 불공不空, 즉 공이 아니라
고 한다. 모든 것은 변화하지만, 그 변화한다는 사실만은 변화
하지 않는다고 보는 것과 같은 논리라고 이해하면 되겠다.

중국 당나라 때 유행한『원각경圓覺經』의 핵심인「보안보
살장普眼菩薩章」에는 "모든 허망한 것이 사라지고 그렇게 사
라졌다는 것도 사라지면, 허망하지 않은 것은 사라지지 않는
다. 마치 거울에 때가 사라지면 광명이 스스로 드러나는 것
과 같다."라고 하여 부정을 통한 대긍정에 대해 말하고 있다.

문제를 제거하기 위한 부정만으로 답이 완료되는 것인지,

또는 부정을 넘어서면 대긍정이 나타나는지에 관해 불교사적으로 옳고 그름에 대한 논란이 오늘날까지 완료되지 않고 있다. 그러나 『대승열반경』에서는 열반을 실체 시 하므로 열반사덕과 같은 완전한 대긍정의 모습이 제시된다.

물론 이러한 논리에 문제가 없는 것은 아니다. 그것은 '완전성이 반드시 불완전성을 넘어서 존재할 필요가 있느냐?'의 문제이다. 즉 완전성은 완전하기 때문에 불완전성과 분리되는 것이 아니라 불완전성을 포함할 수도 있으며, 이렇게 되면 불완전성 역시 완전성이 되는 것으로 맺어지게 된다. 그러나 인도불교에서는 이 정도까지의 철학적 진전을 이루지 못한다. 그리하여 이 문제의 대두는 후일 동아시아불교의 몫이 된다.

불신상주의 불신관과
그 가능성으로서의 여래장·불성

불신상주佛身常住(여래상주)란, 열반에 든 붓다는 인격적인 작용력을 상실해 허공처럼 되는 것이 아니라 이 세계와는 다른 측면으로 더욱 위대하고 완전하게 존재한다는 의미이다. 이는 불교가 종교화되면서 붓다가 가피와 기원의 대상으로 신격화되는 측면, 또 완전성에 대한 철학적 사유가 깊어지면서 발생하는 변화이다. 이를 붓다에 대한 새로운 이해, 즉 불신관佛身觀의 변화라고 한다.

불교가 종교화되면 붓다는 불교도들의 기원을 해결해 줘야 하는 종교적 대상으로 변모하게 된다. 이와 같은 시대적 요구와 요청이 붓다에 대한 인식과 판단을 변화시킨다는 점은 앞서도 언급한 바 있다. 그러므로 여기에서는 붓다의 열반이라는 완전성에 대해서만 이야기하도록 하겠다.

불신상주란 완전성을 확보한 붓다는 상주常住, 즉 언제나 현존한다는 의미이다. 그것은 완전하므로 가고 옴이 없으며, 무엇이 추가되거나 빠질 수 없다. 이런 완전성에 입각한 사고를 '본체론'이라고 한다.

본체론의 관점에서 본다면, 완전한 붓다는 불완전한 상태로 가비라국의 왕자로 태어나 35세에 부다가야의 보리수 아래에서 붓다가 되어서는 안 된다. 왜냐하면 불완전함은 제아무리 바뀌어도 완전함이 될 수 없기 때문이다. 그러므로 완전함의 입장에서 본다면, 가비라국의 왕자로 태어나 35세에 부다가야의 보리수 아래에서 붓다가 되는 불완전함의 극복 스토리는 사실 완전함이 빚어낸 가상현실에 지나지 않게 된다.

배우가 거지 역할을 한다고 가정해 보자. 거지는 보여지는 연출에 불과할 뿐 사실이 아니다. 즉 붓다는 언제나 항상 머물러 있으나, 보는 사람과 보이는 방식에 따라 다양한 모습을 나타내는 것일 뿐이다. 마치 태양 빛은 언제나 같지만, 석양이나 노을, 수증기의 양에 따라 무지개로 보이는 것처럼 말이다.

노을이나 무지개는 태양 빛의 본질이 아닌, 왜곡된 가장에 불과하다. 이처럼 석가모니불 역시 본래부터 완전성을 갖추어 영원히 존재하고 있었는데, 중생의 관점에 의해서 다양한 모습으로 비추어진 것에 불과하다. 이것이 바로 불신상주의 내용인데, 이는 『법화경』과 『대승열반경』에서 살펴지는 붓다에 대한 인식이다. 이 때문에 『법화경』과 『대승열반경』에는 석가모니불에 대한 강렬한 의지가 존재하는데, 이는 신앙 운동으로 전개되기 쉬운 구조를 갖추고 있다.

또 불신상주를 싯다르타가 언제 붓다가 되었는지에 관한 관점에서 보면, '구원성불久遠成佛(혹 구원실성久遠實成)', 즉 '아득한 오래전에 깨달음을 얻어 붓다가 되었다'는 내용으로 이해되는 것도 가능하다.

> (사람들은) 석가모니불은 샤카 집안의 왕궁을 나와, (마가다국의) 가야성 근처 (부다가야의) 깨달음의 장소인 (금강보좌에) 앉아 최고의 완전한 깨달음을 얻었다고 생각한다. 그러나 선남자여! 진실을 말하노니, 내가 깨달아 붓다가 된 것은 한량없고 헤아릴 수 없는 백천만억 나유타 겁(무량한 시간)이 흘렀느니라.
>
> (…)
>
> 한량없는 과거로부터 나는 항상 이 (사바)세계에 있으면서, 중생에게 진리를 설해 가르쳐 올바른 길로 인도했다. 또 이 (사바)세계뿐만 아니라, 다른 백천만억 나유타 아승기(무

량한 공간) 세계에서도 역시 중생들을 인도하여 행복과 진리가 증대되도록 하였느니라.

『법화경』권5, 「16. 여래수량품如來壽量品」

붓다 선남자여! 여래는 이미 한량없고 헤아릴 수 없는 아승지겁 전부터 형상에 제한된 몸이나 번뇌가 있는 몸이 아니다. 또 후에도 변화할 몸이 아니어서, 항상한 몸이며 법신이며 금강의 몸이니라.

『대승열반경』권2, 「2. 순타품純陀品」

붓다 여래가 이 세계에서 방편으로 몸을 버리는 것은 저 독사가 낡은 허물을 벗는 것 같을 뿐이다. 그러므로 여래는 항상 머문다고 하느니라.

『대승열반경』권9, 「16. 보살품菩薩品」

대승불교가 부파(소승)불교와 변별되는 가장 중요한 점은 '모든 중생이 붓다가 될 수 있다'는 천명이다. 이는 소승불교에서 붓다가 될 수 있는 사람과 붓다가 될 수 없는 사람이 나뉘는 방식과는 다른 대승불교만의 가장 중요한 특징이다.

대승불교는 기원 전후에 발생하는 전 인도적인 다양한 신앙 운동이다. 즉 스타벅스 등의 프랜차이즈와 같이 하나의 본사에서 확장된 것이 아니라 일반음식점처럼 지역의 필연성에 의해 자생적으로 만들어진 것이다. 이 때문에 다양한 대승불교를 아우르는 공통분모를 찾는 것은 쉽지 않다.

생각해 보자. 서북인도의 아미타불과 동방 약사여래불의 공통분모를 찾는 것은 쉽지 않다. 또 서북쪽 간다라에서 발생하는 불상이라는 형상주의와 남인도의 모든 형상을 부정하는 반야공사상의 무형상주의는 태생적으로 양립할 수 있는 관점이 아니다. 그럼에도 이들을 하나로 묶어 '대승불교'라고 명명할 수 있는 것은 대승불교에서는 '모두는 붓다가 될 수 있다'는 공통의 슬로건을 내걸고 있기 때문이다.

모두가 붓다가 될 수 있다는 대승의 슬로건을 논리적으로 가장 크게 강조하는 것이 『대승열반경』이다. 『대승열반경』을 상징하는 가장 유명한 문구는 "일체중생 실유불성", '모든 중생에게는 반드시 불성이 있다'는 것이다. 이와 유사한 주장은 여래장삼부경으로 일컬어지는 『여래장경如來藏經』·『부증불감경不增不減經』·『승만경勝鬘經』에서도 확인되며, 견혜堅慧(Sāramāti)의 『구경일승보성론究竟一乘寶性論』이나 이의 변형인 세친의 『불성론佛性論』에도 존재한나. 그러나 "일체중생 실유불성"이라는 간결하고 선명한 문구를 가장 먼저 완성한 것은 『대승열반경』이다.

인과윤회의 극복 ≠ 붓다와 열반

불교에서 붓다는 완전성을 의미한다. 깨달은 붓다가 불완전하다면, 붓다 역시 언젠가는 무너져 또다시 중생이 되고 윤회의 군상에 떨어지게 된다. 그러므로 붓다는 인과윤회의 연기하는 세계를 벗어난 완전한 존재여야만 한다.

참고로 인과윤회와 연기는 우리가 사는 현상세계를 설명하는 방식이며, 깨달음, 즉 열반은 인과윤회와 연기를 벗어난, 질적으로 다른 초월적 가치다. 여기에서 중요한 것은 인과윤회와 연기의 완성된 결과로 깨달음의 열반이 존재하는 것이 아니라는 점이다. 만일 열반이 인과윤회와 연기에 입각한 수행의 결과라면, 이것은 조건의 변화에 의해 무너질 수 있다. 즉 열반은 인과윤회와 연기의 결과가 아닌 초인과의 대상이며, 또 반드시 그래야만 한다.

태초의 우주에 생물이 없던 무생물의 세계에서 어느 순간 생물이 발생한다. 이는 무생물의 진화라는 인과나 연기의 결과가 아니다. 그것은 진화와는 다른 초월성이다. 이 초월점이 바로 완전한 깨달음으로서의 열반이다. 그렇기 때문에 열반의 완성자인 붓다는 다시는 미혹한 중생이 될 수 없는 구조가 완성되는 것이다.

'우리는 모두 붓다가 될 수 있다'

대승불교의 슬로건은 '우리는 모두 붓다가 될 수 있다'이다. 물론 중생이 붓다가 되는 것은 지금의 일이 아니라, 윤회를 통해서 많은 시간이 주어졌을 때라고 대승불교는 설명한다.

이는 '모든 사람은 로또 1등에 당첨될 수 있다'고 말하는 것과 같다. 그렇다면 어떻게? '1등에 당첨될 때까지, 복권 구입 횟수를 끊임없이 늘려간다면'이라고 답하는 것이다. 인도에는 윤회론이 존재하기 때문에 생을 바꿔 가며 계속해서 기회를 늘려나간다는 설정이 가능하다. 이렇게 되면 로또 1등 역시 당첨될 수 있지 않을까?

말장난 같다는 생각이 들 수도 있다. 그러나 신분제가 견고한 고대사회에서는 이러한 일말의 가능성조차 일반인에게 주어지지 않았다. 굳이 먼 나라의 과거로 거슬러 올라가지 않더라도, 조선시대에 천민이 왕이 될 가능성은 원천적으로 차단되어 있지 않았던가.

현대로 오면 '대한민국 국민이면 누구나 대통령이 될 수 있다'는 열린 가능성이 주어진다. 물론 그렇다고 해서 이것이 지금 눈앞의 현실에서 우리가 대통령이 된다는 의미는 아니다. 그러나 이는 인류의 전 역사에 있어서 인간 평등을 의미하는 중요한 변화이다. 실제로 인류문명에서 5,000년이 흐르도

217

록 이러한 생각은 사회에 반영되지 않았다. 이는 이와 같은 일견 단순한 생각이 얼마나 위대한 사고의 변화인지를 단적으로 나타내 준다.

대승불교에서 말하는 '모두가 붓다가 될 수 있다'란 열린 가능성 부여는 '대한민국 국민이면 누구나 대통령이 될 수 있다'는 현대의 것과 유사하다. 그러나 이것이 곧 우리 모두가 대통령이 된다는 의미는 아니다. 대한민국 국민 중 실제로 대통령이 되는 인물은 몇 명에 지나지 않는다.

그러나 인도에는 윤회론에 입각해 재탄생이라는 무수한 기회가 존재한다. 이렇게 되면 모두가 붓다가 될 수 있다는 가능성의 통로가 확보된다. 『법화경』권4의 「제바달다품」에서 붓다를 시해하려고 했던 제바달다 역시 미래에는 붓다가 되는 것으로 나타난다. 다만 제바달다가 붓다가 되기 위해서는 1겁이라는 상상할 수 없는 막대한 시간이 경과한 뒤에야 가능하다는 단서 조항이 붙어 있다. 즉 로또의 1등 당첨을 위해서 제바달다는 엄청나게 많은 복권 응모 기회를 확보해야만 하는 것이다.

『대승열반경』의 불성사상에 도달하는 과도기로 주목되는 것이 『법화경』에서 두드러지는 수기授記(vyākaraṇa)사상이다. 수기란, 붓다가 중생에게 주는, 미래에 붓다가 될 것이라는 확약이다. 감긴 시계태엽이 미래의 어느 때에 모두 풀리

:
⟨수메다와 디팡카라 붓다⟩(2세기 경, 파키스탄 출토, 미국 메트로폴리탄미술관 소장).
붓다의 전생담을 담은 이 조각은 우리에게도 잘 알려져 있는 붓다의 전생인
수메다와 연등불의 수기 내용을 묘사하고 있다.

는 것처럼, 수기는 개인차가 존재하지만 모든 이들이 미래에
붓다가 될 것을 붓다로부터 확정받는 일이다. 이를 통해서
중생은 험난한 윤회 속에서도 반드시 붓다가 될 존재로서 보
살이라는 인식을 확보할 수 있게 된다.

수기를 강조하는 대표적인 것이 『법화경』 권3의 「수기
품」이다. 즉 『법화경』 수기사상의 발전과 이를 통한 확증 요
구가 『대승열반경』 불성사상의 완성과 일정 부분 연관되어
있는 것이다. 인도인들은 윤회를 두려워하며, 윤회로부터 벗
어나는 것을 수행의 목적으로 상정한다. 수기와 불성은 중생
이 윤회의 군상에 있으면서도 본질적인 안정을 확보하는 안
전장치에 다름 아니다. 이런 점에서 본다면, 불성은 대승불교
로서는 언젠가 도출되어야 할 하나의 타당한 귀결처였다고
하겠다.

조선과 같은 왕조 국가에서 '누구나 왕이 될 수 있다'는
주장은 그 자체로 엄청난 혁명이다. 왜냐하면 국민 모두에게
참정권을 부여하는 것 같은 인간 평등의 가치가 그 속에 내
재되어 있기 때문이다. 그러므로 현대가 되기 이전 인류문명
에는 이런 사고가 주류가 되지 못한다. 플라톤의 이상국가에
도 노예가 등장하는 것은 이를 잘 나타내 준다.

물론 이와 같은 관점이 전혀 없었던 것은 아니다. 『시경
詩經』 「대아大雅-문왕文王」의 "천명미상天命靡常", 즉 '하늘의

뜻에는 항상함이 없다'는 것이나, 「진심盡心 하下」의 '백성이 귀하고 (종묘)사직은 그다음이며 군주는 하찮다'는 등의 생각도 존재하기 때문이다. 그러나 이는 특별한 것으로 당연히 왕조 국가의 일반론은 아니다.

이런 점에서 본다면, 오늘날에는 보편화된 가치가 과거에는 매우 특별한 것이었음을 알 수 있다. 대승불교에 존재하는 '모두가 붓다가 될 수 있다'는 주장은 당시로서는 혁명적인 주장이었던 것이다.

로또 1등이 당첨될 때까지 기회가 주어진다고 하더라도 1등에 당첨되기 위해서는 로또를 반드시 사야 한다는 전제가 존재하기 마련이다. 이처럼 우리가 미래에 붓다가 되기 위해서도 붓다의 가능성이 우리에게 존재해야 하는 것이다. 이를 여래장, 즉 '여래의 가능성으로서 여래의 태아胎兒'라고 한다.

소나무의 씨앗인 솔방울에는 소나무의 가능성이 존재한다. 그렇기 때문에 햇빛(온도), 양분, 물이라는 성장 환경이 갖춰지면 솔방울은 발아하여 소나무로 성장한다. 물론 솔방울의 발화에는 환경에 따른 시간차가 존재한다. 어떤 씨앗은 수년 이상을 발아 조건이 맞지 않아 씨앗으로 존재하다가 발화되기도 하지 않는가.

그런데 만일 씨앗에 소나무의 가능성이 없다면, 즉 문제가 있는 씨앗이라면 제아무리 충분한 시간과 조건이 주어진다하더라도 씨앗은 발화할 수 없다. 모두가 붓다가 된다는 대승불교의 주장이 성립하기 위해서도 이와 같은 조건이 중생에게 내재해야만 한다. 바로 이것을 여래장이라고 하는 것이다.

다시, 여래장이란, '여래의 태아'라는 의미로 임산부가 아기를 임신하고 있으면 시간의 경과와 함께 아기가 태어나는 것처럼 중생도 언젠가는 붓다가 된다는 의미이다. 즉 여래장은 여래, 즉 붓다가 될 수 있는 가치로 중생에게 내포되어 있는 가능성인 것이다.

붓다 불성은 있는 것도 아니요 없는 것도 아니며, 있기도 하고 없기도 하느니라.

왜 있다고 하는 것인가? 온갖 것에 모두 있으며, 모든 중생에게 끊어지지 않고 없어지지 않는 것이 불꽃과 같아, 마침내 최고의 깨달음을 증득하도록 하기 때문이다.

그렇다면 왜 없다고 하는 것인가? 모든 중생이 현재에 상·낙·아·정의 열반사덕이 존재하지 않으므로 없다고 하는 것이다. 있음과 없음이 합하므로 이것으로 중도라 하는 것이니, 이 때문에 붓다는 '중생의 불성은 있는 것도 아니고 없는 것도 아니라.'라고 하는 것이다.

선남자여! 어떤 사람이 묻기를 '이 종자 속에 열매가 있느냐, 없느냐?' 하면, 답하기를 '있기도 하고, 없기도 하다.' 하리라. 왜냐하면 종자를 떠나서는 열매를 내지 못하므로 있다고 한다. 그러나 현재는 종자에서 싹이 나지 않았기 때문에 없다고 하는 것이다. 그러므로 있기도 하고 없기도 한다는 말이 성립된다.

무슨 이유인가? 상황은 다르나 그 자체는 하나이니, 중생의 불성도 그와 같은 것이다. 만일 중생 가운데 따로 불성이 있다고 하면 이치가 그렇지 않다. 왜냐하면 중생이 곧 불성이요, 불성이 곧 중생이지만 상황이 다르므로 깨끗하고 깨끗지 못하기 때문이니라.

『대승열반경』 권32, 「24. 가섭보살품迦葉菩薩品」

그런데 씨앗에는 태생적으로 문제가 있어 발화되지 않는 것도 있다. 그러나 여래장에는 이와 같은 불명확한 측면이 존재해서는 안 된다. 즉 중생에게 내재한 여래의 가능성은 명확하고 확실해야 하는 것이다. 그래야만 '우리는 모두 붓다가될 수 있다'는 대승불교의 대전제에 문제가 발생하지 않기 때문이다.

그리하여 '여래의 가능성'이라는 여래장보다는 조금 더명료한 개념이 요청되는데, 이것이 '불성'이다. 불성은 붓다의 계界 혹은 붓다의 요소라는 의미다.

『대승열반경』에서 여래장과 불성은 거의 동의어로 사용된다. 그런데 이것이 한자로 번역되면서 여래장과 불성 사이에는 큰 차이가 발생한다. '감출 장藏'이 '저장되어 있다', '감추어져 있다'는 의미를 가진다면, '성품 성性'은 '인간에게 내재하는 불변의 확실성'이라는 뜻이 존재하기 때문이다. 이러한 단어 차이에 따른 명료함으로 인해 중국불교에서는 여래장보다 불성이라는 단어가 보다 일반화된다.

그러나 인도불교는 중국불교와 달리 확실성인 불성보다 오히려 가능성인 여래장을 선호한다. 왜냐하면 인도불교에는 아트만이라는 확실성을 거부하는 안아트만이 불교와 비불교(외도)를 가르는 가장 중요한 기준의 하나이기 때문이다. 즉 여래장이 불성으로 구체화될수록 인도불교에서는 아트만과 유사하다는 비판에 더 크게 직면하는 것이다.

붓다 선남자여! 어떤 가난한 여인의 집에 순금으로 된 항아리가 묻혀 있었다. 그런데 집안 식구들은 모두가 그것을 몰랐다. 내가 지목하여 가르쳐 주니, 사람들은 그 집에서 순금 항아리를 파내었다. 여인은 이것을 보고 매우 기뻐하며 이상하게 여기면서 나를 숭배했다.

선남자여! 중생의 불성도 그와 같아서 모든 중생은 볼 수가 없다. 마치 순금 항아리를 가난한 사람들이 알지 못하는 것처럼(…)

여래가 오늘 중생들에게 내재한 불변의 본질적인 깨달음의 창고를 드러내나니, 그것은 불성이니라. 이제 모든 중생이 이것을 보고는 기쁜 마음으로 여래에게 귀의하리라. 가리켜 주는 사람이란 곧 여래요, 가난한 여인은 온갖 중생들이며 순금 항아리는 불성이니라.

『대승열반경』 권8, 「12. 여래성품如來性品」

붓다 힘센 장사의 양미간에는 장식의 금강주가 있었다. 그런데 다른 장사와 씨름을 하다가 부딪혀 양미간의 구슬이 살 속으로 들어가 보이지 않게 되고, 구슬 있던 데는 부스럼이 생기고, 살이 아물어 잊어버리게 되었다.

(…)

의사가 금강주가 있음을 가르쳐 주었으나 장사는 믿지 않았다. 그러자 거울을 들어 얼굴을 비추어 주니 구슬이 분명하게 보였다. 장사가 그것을 보고서 비로소 놀라 탄식하며 이상하게 생각하였느니라.

선남자여! 모든 중생도 이와 같아서 선지식을 친근하지 못하였으므로 불성이 있는 것을 보지 못한다. 이로 인해 다양한 윤회의 군상을 전전하게 되느니라.

『대승열반경』 권8, 「12. 여래성품如來性品」

인도불교에는 부파(소승)불교에서부터 아트만과 유사한 사고를 보이면 이단(외도)으로 보는 격한 반응이 나타나곤 한다. 부파불교 중 하나인 독자부는 '보특가라(pudgala)'라는 윤회의 주체가 되는 실체적인 개념을 주장했다. 이로 인해 '부불법외도附佛法外道', 즉 '불교에 붙어 있는 외도'라는 강력한 비판을 받게 된다.

『금강경』의 아상·인상·중생상·수자상의 사상四相 비판 역시 이와 같은 실체론적인 논점을 비판하는 주장이다. 이 중 인상에 해당하는 것이 바로 보특가라이다. 참고로『금강경』의 사상 비판에 등장하는 대상을 적시해 보면 다음과 같다. 즉 사상 비판이란,『금강경』이 만들어질 때 가장 문제가 되던 타 종교에 대한 비판인 것이다.

산스크리트(범어) 원문	구마라집 번역	현장 번역	비판 대상
ātman(아트만)	아상我相	아상	바라문교·힌두교
pudgala(푸드가라)	인상人相	보특가라상補特伽羅想	독자부
sattva(사트바)	중생상衆生相	유정상有情想	상키야(수론數論) 학파 등
jīva(지바)	수자상壽者相	명자상命者想	쟈이나교

흥미로운 것은『대승열반경』의 열반사덕(상·낙·아·정) 중 '아

我'가 바로 아트만이라는 점이다. 천주교가 우리나라에 전파될 때 여호와나 야훼라는 유대 신의 이름을 버리고 전통적으로 친숙한 하느님을 번역어로 사용한 것처럼, 『대승열반경』은 열반의 실체성을 강조하기 위해 인도 전통의 아트만이라는 용어를 사용한 것이다. 물론 『대승열반경』의 아트만은 바라문교나 힌두교의 아트만을 세탁해서 차용한 불교적인 변용이다.

바라문교나 힌두교의 아트만이 윤회라는 변화의 중심으로 불변하는 이 세계에서의 자기 정체성을 의미하는 것이라면, 『대승열반경』의 아트만은 이 세계를 넘어선 열반이라는 본질에서의 항상함이다. 즉 바라문교와 힌두교의 아트만이 현실에서의 실체라면, 『대승열반경』의 아트만은 현실을 초월한 부정을 통한 긍정으로서의 아트만인 것이다. 그들의 아트만이 이 세계라는 부정성 속에서의 청정함이라면, 『대승열반경』의 아트만은 부정을 초월하는 대긍정으로서의 아트만이라는 말이다. 이런 점에서 양자는 같은 단어를 공유하고 있지만 완전히 다른 개념이다.

천주교에서 여호와를 하느님이라 번역했다고 하더라도 여호와가 우리 전통의 하느님일 수는 없다. 이렇게 엄연한 차이가 있지만 그럼에도 양자의 혼란을 피할 수 없다. 다시 말해 여호와를 하느님으로 번역함으로써 천주교가 우리나라에 정착하는 데 유리했지만 여호와로서의 색깔은 필연적으로 모호해질 수밖에 없다는 것이다.

『대승열반경』의 아트만도 마찬가지다. 그것은 분명 바라문교나 힌두교에서 말하는 아트만과는 다른 개념이다. 그러나 아트만이라는 명칭의 차용으로 인해『대승열반경』이 빠르게 알려지는 데는 유리했지만 그로 인한 혼란을 피할 수 없었다. 게다가 아트만은 인도불교에서 가장 금기시하는 단어였다. 그러므로 이로 인한 후폭풍 역시 대단할 수밖에 없다.

『대승열반경』은 요즘 말로 하면 엄청난 어그로를 끌면서 이슈화에는 성공했지만 넘지 말아야 할 선을 넘은 것이다. 결국『대승열반경』은 짧은 시간에 강한 인상을 남기지만, 그와 동시에 인도불교에서 배척되는 상황에 직면한다. 그러나『대승열반경』의 정면 돌파를 두려워하지 않는 선명성은 동아시아에서는 오히려 불성사상을 크게 유행시키는 결과를 가져온다. 즉『대승열반경』은 인도불교를 잃은 대신 동아시아불교를 사로잡은 것이다.

현상을 초월한 완전한 붓다

'우리는 모두 붓다가 될 수 있다'는 대승불교의 주장을 조금 더 생각해 보면 매우 흥미로운 문제와 직면하게 된다.

솔방울이 미래에 소나무가 된다는 주장은 현재의 솔방울이 반드시 소나무가 될 거란 말은 아니다. 왜냐하면 솔방울은 단지 소나무로서의 가능성을 내포한 것이기 때문이다.

그러나 우리가 미래에 될 붓다는 '완전성'이다. 붓다의 완전성이란 시간이 더해진다고 해서 이룩되는 결과가 아니다. 이는 유한이 계속 더해진다고 해도 무한이 될 수는 없는 것과 같다. 즉 우리가 유한의 중생이라면, 제아무리 시간을 많이 부여받아도 우리는 영원히 무한의 붓다가 될 수 없는 것이다. 미래에 완전한 존재는 현재에도 완전한 존재여야만 하기 때문이다.

이런 점에서 '솔방울이 미래에 소나무가 될 수 있는 것'과 '우리가 미래에 붓다가 될 수 있는 것'은 완전히 다르다. 여기에는 유한적 변화(솔방울 → 소나무)와 무한적 영속(우리 → 붓다)의 차이가 존재하기 때문이다.

그렇다면 문제를 역으로 생각해 보자. 우리가 미래의 어느 때엔가 붓다가 될 존재라면 지금도 중생일 수는 없다는 판단도 가능하다. 완전한 붓다는 시간을 초월해 존재하므로, 미래에 완전한 존재는 현재에도 완전하게 존재하고 있어야만 하기 때문이다. 즉 불성은 여래장처럼 가능성으로 가려져 있는 것이 아니라, 이미 완전함으로 드러나 있는 것이라는 말이다.

229

『보성론寶性論』에는 진흙에 떨어져 파묻힌 금에 대한 이야기가 나온다. 금은 진흙 속에 있어도 섞이지 않기 때문에 단지 가려져 있을 뿐, 그것을 걷어내면 금으로서 항상하다는 것이다. 이를 간략히 정리한 말이 권3에 나오는 "자성청정심自性清淨心 객진번뇌염客塵煩惱染"이다. '자성인 본 성품(불성)은 청정한 마음인데, 외부의 티끌에 의해 번뇌에 물든다'는 것, 달리 표현해 태양의 밝음에는 문제가 없지만 구름이 햇빛을 가려 어둡다는 의미이다.

그러나 '현상을 초월하는 완전한 태양'이 존재한다면 이것을 가릴 수 있는 존재가 있을 수 있을까? 태양은 현상계에 존재하기 때문에 구름에 가릴 수 있다. 그러나 완전한 태양이라면 무엇으로도 가려질 수 없다.

붓다 비유하면 사람들은 달이 뜨지 않았을 때는 달이 없다고 말하며 존재하지 않는다는 생각을 한다. 그러나 달의 본질은 없어지는 것이 아니다. 또 다른 지역에 달이 뜨면 그곳 사람들은 달이 떴다고 하지만, 달의 본질은 새로 존재하는 것이 아니다. 왜냐하면 달은 가리어 나타나지 않지만 항상 있는 것이어서 존재했다 없어졌다 하는 것이 아니기 때문이다.

『대승열반경』 권9, 「15. 월유품月喩品」

붓다는 완전성이다. 이런 점에서 우리가 미래에 붓다가 된다는 것은 바꿔 말하면, 지금도 우리는 붓다여야 한다는 것을 의미한다. 즉 불성은 붓다의 가능성으로 존재하는 것이 아니라, '불성 자체가 곧 붓다의 완성'이 되는 것이다. 이를 '불성 현기佛性現起' 또는 '불성의 현현'이라고 한다.

애석하게도『대승열반경』은 성립 당시의 시대적 한계 때문에 불성사상을 여기까지 밀어붙이지 못했다. 이는 불성사상이 무르익으면서 발생하는 결과로 당나라 때 동아시아의 선불교를 통해서야 일단락된다.

붓다 선남자여! 눈으로 판단하는 일이 있으니, 붓다 여래와 십지十地 보살은 불성을 눈으로 보느니라. 또 들어서 판단하는 일이 있으니, 모든 중생과 구지九地 보살들은 불성을 들어서 아느니라. 보살이 만일 '모든 중생에 불성이 있다'는 말을 듣고, 마음에 믿음을 내지 않으면 들어서 본다고 이름할 수조차 없는 것이다.

『대승열반경』권32, 「24. 가섭보살품」

계율의 준수와
육식 금지를 강조한『대승열반경』

『대승열반경』을 읽으면 계율 문제와 일천제一闡提에 대한 내용이 지겹도록 반복되는 것을 알 수 있다. 왜냐하면『대승열반경』이 만들어지던 4세기 인도불교에는 계율적 혼란이 존재하고 있었기 때문인데, 이와 같은 시대 상황을 반영하고 있는 것이다.

　『대승열반경』에서 살펴지는 계율 문제는 두 가지이다. 첫째는 승려들의 도덕적 해이이다. 오랜 시간 유지되며 방대해진 불교 승단은 나태해졌다. 이런 문제를『대승열반경』은 대승불교의 관점에서 어떻게든 재정비하고, 청정하며 모범적인 승단을 만들고자 하였다. 즉 당시 인도불교에는 대승불교를 중심으로 이대로는 안 된다는 위기의식이 존재했던 것이다. 불교는 청정하고 모범적인 수행력으로 사회를 계몽하고, 국가와 국민을 올바른 방향으로 인도해야 할 책임이 있다. 바로 이와 같은 도덕적 의무가 무너지고 있었던 것이다.

붓다에 의해 제정되어 붓다의 열반 이후 우바리를 중심으로 하여 율장으로 정비된 계율은 다분히 부파불교적이다. 그러나 『대승열반경』에는 어떻게든 당시의 혼란을 대승불교의 관점에서 새로운 신앙적 가치로 극복해 보려는 노력이 존재한다.

탁발 규율

『대승열반경』의 계율과 부파불교의 계율은 '육식 금지'를 강하게 주장하는 것에서 차이가 있다. 육식의 금지는 『마하승기율』에서도 일부 확인되지만, 이는 부파불교가 아닌 대승불교의 큰 특징이다.

붓다는 절에서 음식을 조리해 먹지 않고 탁발을 했기 때문에 육식을 금지하는 것이 불가능했다. 신도가 먹으려고 만든 음식 중 일부를 받아먹는 방식이었기 때문이다. 만약 탁발 시 신도가 육식을 한다면 그 음식을 받아야 했다.

한편 탁발과 관련해 승려는 신도가 음식을 주기 전까지

말을 해서는 안 된다.

탁발은 음식에 대한 집착을 버리기 위한 것이다. 그러므로 탁발할 음식은 전적으로 주는 쪽에서 결정하도록 되어 있다. 그런데 먼저 말을 할 경우 음식에 변화를 줄 여지가 있다. 이는 결국 음식을 선택해서 먹는 것과 유사한 형태를 초래할 수 있으므로 음식을 받기 전까지 일체의 말이나 행동을 해서는 안 된다. 그저 수동적으로 선 채 신도가 주는 음식을 받아야만 하는 것이다.

물론 음식을 받은 후에는 가르침을 설해 주거나 축원을 해 주어 보시자에게 보람과 행복이 돌아갈 수 있도록 해야 한다. 즉 물질(음식)과 정신(가르침·축원)의 등가 교환인 셈이다.

음식 규율

『사분율』권42 「약건도藥犍度」등의 율장에는 승려가 먹어도 되는 음식으로 붓다에 의해 규정된 다섯 가지 음식이 있다. 그것은 ① 밥·② 죽·③ 말린 밥(미숫가루)·④ 생선·⑤ 고기로, 생선과 고기가 정당하게 허용되었다. 이로 인해 부파불교 중 분별설부인 남방불교에서는 승려가 생선과 고기를 섭취해도 문제가 없다.

붓다는 '삼정육三淨肉'이라 하여 나를 위해서 죽인 것을 ① 보거나 ② 듣거나 ③ 의심되지 않는 고기의 세 종류에 대해서는 섭취를 허용한다. 다시 말해 내가 죽이는 데 관여하지 않고, 나와 죽음이 관계되지 않는 고기는 '정육淨肉', 즉 허용되는 깨끗한 고기라는 것이다.

그러나 대승불교가 대두하는 기원 전후가 되면, 이미 대규모의 사원이 존재하고 있었고, 사찰 내에서의 음식 조리가 불가피했다. 예컨대 마가다의 나란다대학은 전성기 때 1만 명의 승려가 살았는데, 이들이 탁발한다는 것은 불가능하다.

사찰에서 음식을 만드는 일이 행해지면 주는 대로 받던 탁발 때와는 달리 특정 식재료나 음식을 기피하는 것이 가능해진다. 이때 대두하는 것이 육식 금지와 오신채 같은 사람에 따라서 호불호가 강한 향신료의 금지다.

> 마늘을 먹으면 고약한 냄새가 나서 다른 이가 냄새를 맡고는 싫어해서 떠난다.
>
> 『대승열반경』권4,「7. 사상품」

기원 전후가 되면, 붓다 당시 유력했던 유목문화가 농경문화로 변모하게 된다. 유목문화 아래에서는 육식이 필수이지만, 농경문화가 대두하면 육식을 대체하는 농산물이 풍부해지며 소의 노동력이 중요해진다. 이로 인해 인도 사회 전반에 걸쳐 육식을 거부하는 문화가 나타나게 된다. 오늘날 '인도'라 하면 떠오르는 힌두교의 소 숭배 역시 이 시기부터 발생하는 전통이다.

　『대승열반경』을 보면, 육식은 붓다께서 허용하지 않으신 것인데, 이상한 승려들이 거짓으로 허락된 것이라고 주장한다는 대목이 있다. 이는 『대승열반경』 성립 당시의 육식에 대한 부정적인 인식과 대승불교의 관점에서 시대에 맞지 않는 계율을 새롭게 재정립하고자 노력했다는 것을 나타내 준다.

　계율이란 승단을 유지하는 규율이다. 이런 점에서 사회의 변화에 발맞추어 흘러가는 것이 옳다. 마치 국가의 법이

사회의 변화와 국민의 요구에 의해 개정되고, 변화하는 것처럼 말이다.

붓다 (내가 열반한 뒤에 오랜 시간이 경과하면, 이상한 행동을 하며 아라한을 증득했다고 하는 이들이 나타난다.) 이런 무리는 여래가 제정한 계율과 옳은 행동과 위의를 파괴하고 해탈을 말하면서도 청정한 법을 여의며, 깊고 심오한 가르침을 깨뜨리며 제멋대로 경과 율에 어긋나는 내용을 지어내어 말한다. '여래께서 우리들의 고기 먹는 것을 허락하였다.'라고. 이렇게 자신이 지어낸 말을 붓다의 말씀이라고 하며, 서로 다투면서 제각기 붓다의 제자라고 하게 된다.

:
인도 비하르주의 나란다대학 전경. 현존하는 모습만 보아도 대규모로 조성된 나란다대학의 1만여 승려들에게 탁발은 어려운 일이었을 것이다.

(…)

오늘부터 성문 제자의 고기 먹는 일을 허락하지 않는다.
만일 신도의 고기 보시를 받게 되거든 그 음식을 볼 적에
아들의 살과 같이 생각해야 할 것이다.

(…)

선남자여! 고기를 먹는 것은 큰 자비의 종자를 끊는 것이다.

(…)

이제 저절로 죽은 것도 금지한다. 가섭아! 나는 오늘부터
제자들에게 모든 고기를 먹지 말라고 제한하노라.

『대승열반경』 권4, 「7. 사상품」

현장은 『대당서역기』와 『자은전』에서 소승불교 사찰에 유숙
했을 때의 내용을 기록하고 있다. 이때 현장은 소승불교 승
려들이 고기를 주자 "대승은 고기를 먹지 않는다."라고 하여,
대승불교와 소승불교의 차이를 분명히 나타내고 있다. 또 소
승불교와 대승불교의 승려가 한 사찰에서 살 때도 이들을 구
분하는 가장 큰 기준으로 육식 금지를 들고 있어 주목된다.

『대당서역기』 권9에는 현장이 보고 감동했던 안탑雁塔
(기러기 탑)에 대한 이야기가 수록되어 있다. 내용을 보자. 소
승불교의 승려들이 날아가는 기러기를 보며 입맛을 다시자,
기러기가 승려들 앞으로 갑자기 떨어져 죽었다. 이때 소승불

교 승려들이 너무 놀라, '붓다께서 당시 상황에 따라 육식을 허용하신 것이므로 오늘날에 먹는 것은 맞지 않다'고 하며, 대승불교로 전향해 기러기를 추모하는 기러기 탑을 쌓았다고 한다. 이 이야기를 들은 현장은 깨우침을 준 기러기에 감명하여, 당나라의 장안으로 귀국한 뒤 자은사慈恩寺에 인도의 안탑을 계승한 안탑(현재의 대안탑)을 건립하게 된다.

참고로 자은사는 당 고종 이치가 자신의 어머니인 문덕황후의 '자애로운 은혜'를 기리기 위해 지은 사찰로 현장은 이곳에 안탑을 세워 인도에서 가지고 온 경전을 보관했다. 현장이 안탑에 얼마나 공을 들였던지 직접 탑을 설계한 것으로 전해진다. 대안사의 안탑은 후일 인근의 천복사薦福寺에 규모가 작은 유사한 전탑博塔이 건립되면서, 대안탑과 소안탑으로 각기 불리게 된다.

:
중국 시안 자은사 대안탑. 이 탑은 삼장법사 현장이 인도에서 가져온
범문 경전을 보관하고 있었다.

:
중국 시안 천복사 소안탑. 이 탑이 건립되며 자은사의 안탑은 '대안탑'이라 불리었다.

일천제에 대한 깊은 고민과
위대한 해법

우스갯소리로 우리나라에는 절대 건드리면 안 되는 위인이 두 분 있다고 말한다. 그 주인공은 바로 광화문에 계신 세종대왕과 이순신 장군이다. 그런데 까도 까도 미담만 나올 것 같은 세종대왕을 비판할 때, 언제나 나오는 것이 1420년(세종 2) 제정되는 부민고소금지법部民告訴禁止法이다.

부민고소금지법은 지방의 향리들이 윗사람인 관찰사나 수령을 고소하지 못하도록 하는 상명하복을 법제화한 것으로 이는 조선이 끝날 때까지 유지되는 대표적인 악법이다. 상급자에게 문제가 있어 하급자가 고소하면, 오히려 고소를 했다는 이유만으로 징벌이 내려지는 법이다. 이 법으로 인해 조선은 경직되고, 윗사람이 부패해도 견제할 세력이 존재하지 않게 된다. 직급이 있던 사람들도 이러했는데, 하물며 천민들이야 오죽했겠는가.

　조선에서 반상班常(양반과 상놈)의 계급제도가 구한말 외세의 침략 속에 쉽게 사라진 이유는, 우리가 동일한 피부색과 같은 인종으로 구성되어 있기 때문이다. 맹자孟子가『시경』을 인용하여 "천명미상天命靡常(천명은 고정된 것이 아니다)"이라고 한 것 역시 생김새의 구분이 어려운 동아시아적 관점 때문이라고 하겠다. '왕후장상의 씨가 따로 있나!'라는 말 역시 같은 의미이다.

　그러나 피부색이 다르면 상황이 결코 이 같을 수 없다. 최강의 선진국으로 인간 평등을 강조하는 미국에서도 오늘날까지 인종 갈등이 심각하게 존재하지 않는가. 이러한 인종 갈등은 수백 년이 흘러도 쉽사리 해결되지 않을 것이다. 왜냐하면 인간에게는 자신과 다른 것에 대한 거부감이 잠재적으로 존재하기 때문이다.

인류사상 가장 오래된 인종 차별제도

인류사 속에서 인종 차별제도 중 가장 대표적인 것은 단연 인도의 카스트제도이다(인도인들은 이를 '바르나나 쟈티'라고 부른

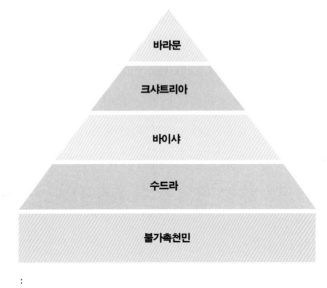

:
인도의 카스트제도.

다). 카스트제도는 약 3,500년 전 서북인도로 침입하는 백인인 아리안족이 인도 원주민이자 흑인인 드라비다족·문다족을 차별한 것에 기인한다. 백인과 흑인 간의 갈등 구조 속에 대륙급의 거대한 면적에서 오는 다양한 민족에 의한 계층 분화가 카스트제도라는 다양한 모습을 나타나게 한 것이다. 즉 우리가 일반적으로 알고 있는 카스트제도의 '바라문(성직자) → 크샤트리아(왕족·귀족) → 바이샤(평민) → 수드라(천민) → 불가촉천민(등외 등급)'은 최소한의 기본 구조에 불과하다.

혈통이 강조되는 계급제 사회에서 핏줄은 신분을 능가

한다. 즉 왕의 신분을 가진 자가 천민의 혈통을 가지고 있다면, 왕보다 신분이 낮은 자라도 힘 앞에서만 굴복할 뿐 뒤에서는 반발하는 것이다. 동아시아 역사에만 익숙한 분들은 '이런 게 가능하냐'고 할는지 모른다. 그러나 인도에는 왕조의 개창자가 노예 출신이어서 '노예왕조'(1206~1290)라 부르는 경우도 있다. 전 인도를 최초로 통일한 아쇼카왕조차 혈통에 문제가 있어 여성들이 잠자리를 꺼리는 경우가 있었다고 할 정도이다.

물론 동아시아에도 동네 건달 출신의 한 고조 유방이나 명나라를 개국하는 주원장처럼 밑바닥 인생이었다가 왕조를 개창하는 경우가 있다. 하지만 그 누구도 황제를 경시하지 않았다. 인도와 달리 동아시아에서는 신분이 혈통에 우선하기 때문이다.

인도의 카스트제도는 현재 법으로 금지되어 있다. 그러나 아직까지 문화적으로 강력하게 작용하고 있다. 하기야 미국도 백인과 흑인 간의 인종 갈등을 해소하지 못하고 있기는 하다.

인도의 인종 차별은 시간을 거슬러 고대로 갈수록 더욱 강해진다. 최근까지도 불가촉천민(접촉하면 오염되므로 접촉해서는 안 되는 천민을 말한다)은 방울을 달고 다녀야만 했다. 방울 소리를 듣고 알아서 미리 피하라는 의미이다. 과거에는 바라문

에게 불가촉천민의 그림자만 스쳐도 오염됐다고 생각해서 불
가촉천민을 죽여도 죄가 성립하지 않기도 했다.

인도는 중국과 달리 유약을 바른 도자기가 발전하지 않
는다. 유약을 바를 경우 도자기가 견고해져 씻어 사용할 수
있게 된다. 이게 무슨 문제인가 싶지만, 하위 신분의 사람이
사용한 그릇을 씻어 상위 신분의 사람이 사용하면 오염이 발
생하는 문제가 생기기 때문이다.

일천제의 의미와 배경

인도의 강력한 카스트제도와 연관해서 이해될 수 있는 것이
'일천제一闡提(icchantika)'이다. 일천제는 선근善根(선한 종자)이
끊어져 깨달을 수 없는 무성종성無性宗姓을 가리킨다. 씨앗으
로 말하면 '불에 탄 종자'와 같다고 이해하면 된다. 즉 이미 죽
어서 어떤 조건에서도 싹이 발아할 수 없는 상태인 셈이다.

일천제란 본래 인과론과 연기론 등 불교 교리와 관점을 믿
지 않거나 이해하려는 생각이 없는 사람을 일컬었다. 요즘으로
치면 유물론자나 공산주의자 등과 같은 이들 또는 전혀 무엇을
해 볼 의지가 없는 무기력한 사람들이 여기에 해당한다.

타 종교인이나 다른 사상을 가진 이들은 에너지가 있기

때문에 바꿀 수 있지만, 에너지 자체가 없는 경우는 어쩔 도리가 없다. 마치 흙탕물이라도 정화하면 마실 수 있지만, 물 자체가 전혀 없는 경우는 방법이 없는 것처럼 말이다.

일천제 개념에는 규정하기 쉽지 않은 부분이 있다. 제아무리 유물론자이며 공산주의자라 하더라도 인간이면 생각의 변화 여지는 존재하기 때문이다. 그런데 인도에서는 일천제를 카스트의 불가촉천민처럼 규정해 못 박아 버린다. 이들을 '무성종성'이라고 규정하는 것도 이 때문이다. 즉 일천제 속에는 카스트제도라는 혈통에 입각한 강력한 신분 규정이 배경으로 존재하고 있는 것이다.

종성의 차별 - 오성각별설

인도에 유학한 현장은 나란다사에서 당시 108세였던 실라바드라Śīlabhadra, 계현戒賢에게 불교의 요가학파인 호법護法(Dharmapāla) 학통의 신유식학(유가유식학파)을 배우게 된다.

현장의 인도 유학 목적은 두 가지였다. 첫째는 붓다께서 깨달음을 얻으신 부다가야의 보리수(도수道樹)와 하늘(도리천)에서 계단으로 걸어 하강하신 하늘 계단 유적이 있던 상카시아의 순례(천제天梯)이다. 둘째는 유식학파의 최대 논서인『유가사지론瑜伽師地論』(100권)을 배우는 것이다.

그런데 현장은 16년의 인도 유학을 마치고 당나라로 돌아가려 할 때, 스승인 계현에게 '깨달음에 차등을 두는 오성각별설五性各別說(유위종자차별설有爲種子差別說)이 중국에서는 반발을 살 것이니 말하지 않으면 어떻겠냐?' 하고 묻는다. 그러자 계현은 오성각별설이 호법 이래의 정통설인데 그럴 수는 없다고 허락하지 않는다.

현장이 당나라로 돌아와 개창한 유가법상종(혹 자은종, 종조는 현장의 제자인 규기)은 당나라 초기에 크게 번성했다가 몇 대 지나지 않아 무너지고 만다. 그 이유와 관련해서 제기되는 것 중 하나가 사람을 차별하는 오성각별설 때문이라는 주장이다.

오성각별설은 인간을 다섯 종류로 구분해서 태생적인 우열을 나누는 방식이다.

① 성문종성聲聞宗性(혹 성문정성聲聞定性)
  성문승(소승)의 가능성을 가지고 태어난 사람.
② 연각종성緣覺宗性(혹 독각정성獨覺定性)
  혼자서 수행해 깨달음을 얻는 소승과 유사한 가능성을 가지고 태어난 사람.
③ 보살종성菩薩種性(혹 보살정성菩薩定性)

대승 보살의 가능성을 가지고 태어난 사람. 노력하면 붓다가 될 수 있음.

④ 부정종성不定種性(혹 부정정성不定定性)

선천성이 뚜렷하지 않은 미결정 상태로 태어난 사람. 노력의 여하에 따라 좋게도 나쁘게도 될 수 있음.

⑤ 무성종성無性宗性(혹 무유정성無有定性)

모든 선한 성품이 단절되어 가능성 자체가 없게 태어난 사람.

오성각별설은 일종의 깨달음과 관련된 카스트제도라고 할 수 있다. 이를 높은 순위로 해서 상호 대비해 보면 다음과 같다.

① 브라만 　　　　보살종성

② 크샤트리아 　　성문종성

③ 바이샤 　　　　연각종성

④ 수드라 　　　　해당 없음

　　　　　　　　　부정종성 … 미결정

⑤ 불가촉천민 　　무성종성(일천제)

인간의 깨달음을 후천적인 노력으로 판단하지 않고, 태생적 자질로 판단한다는 것은 퍽 우스운 설정이다. 특히 붓다가

249

카스트제도를 부정하며 사성 평등을 주장했고, '선천적인 신분이 중요한 것이 아니라 후천적인 노력만이 가치 있다'고 주장했다는 점을 고려한다면 더욱 그렇다.

붓다가 승려들의 삭발을 규정한 이유 또한 당시 머리카락을 틀어 올리는 방식에 의해 계급이 드러나도록 하는 인도 문화가 존재했기 때문이다. 붓다는 삭발을 통해 이러한 신분 기호를 무력화시키려고 했다. 그런데 후대가 되면 불교적이지 않은 신분 차별이 인도문화적 측면에서 수용되어 불교 안에까지 강력한 뿌리를 내리고 있는 것이다.

『대승열반경』과 천제성불설

고대 인도는 카스트제도가 일반화되어 있었으므로 어떤 의미에서 오성각별설은 매우 인도적인 깨달음 체계라고 할 수 있다. 그러나 '천명미상'의 동아시아에서 이런 태생적인 인간 차별은 받아들여질 수 없다.

'모두가 붓다가 될 수 있다는 대승불교의 슬로건'과 '태어날 때부터 깨달음의 가능성이 없다는 일천제 주장'은 정면으로 모순된다. 이 중 무엇을 선택할 것인가?

현장이 배운 신유식학은 무착無著(Asaṅga)과 세친에 의해 시작되어 당시 인도 대승불교의 주류를 차지하고 있었다. 그럼에도 오성각별설을 취하고 있다는 점은 매우 의외이다.

세친보다 시기가 빠른『대승열반경』역시 일천제와 관련된 깊은 고민의 흔적이 역력하다. 왜냐하면 붓다가 될 수 없는 존재인 일천제에 대해 실로 막대한 분량을 할애하고 있기 때문이다. 또 이들 내용의 대부분은 일천제는 붓다가 될 수 없는 것으로 서술되어 있다. 그러나『대승열반경』은 자기 극복을 하면서 마침내 일천제도 붓다가 될 수 있다는 '천제성불설闡提成佛說'을 확립한다. 이는 불교의 본질을 되돌려 붓다의 정신을 구현하고 있는『대승열반경』의 실로 위대한 업적이라고 하겠다.

> 선남자여! 사랑하던 아들이 세상을 버려 죽게 되면, 부모는 애통하여 함께 목숨을 버리려 한다. 보살도 이와 같아서 일천제가 지옥에 떨어지는 것을 보고는 함께 지옥에 가기를 원하느니라. 왜냐하면 이 일천제가 지옥에서 고통을 받을 때 잠깐이라도 뉘우치는 마음을 내면, 내가 곧 그를 위해 여러 가지 불교의 가르침을 말해 잠깐 동안의 선근이라도 내게 하려는 까닭이다. 그러므로 일천제를 부모가 모든 것을 수용해 주는 외아들과 같다고 하는 것이니라.
>
> 『대승열반경』권15,「20. 범행품梵行品」

고위덕왕보살 어찌하여 일천제들도 열반을 얻는다고 하시나이까?

붓다 선남자여, 일천제는 결정된 것이 아니다. 만일 결정되었다면 변화할 수 없으므로 일천제는 마침내 아뇩다라삼먁삼보리(최고의 깨달음)를 얻지 못하겠지만 결정된 것이 아니므로 얻을 수 있는 것이다. 그대가 말하기를, '불성이 끊어지지 않았다면 어찌하여 일천제를 선근을 끊은 이라 하는 것입니까?' 한다. 선남자여, 선근에는 두 가지가 있으니, 하나는 안의 것이요, 둘은 밖의 것이다. 불성이란, 안의 것도 아니요, 바깥 것도 아니니, 불성은 끊어질 수 있는 것이 아니다. 또 두 가지가 있나니, 하나는 유루有漏(불완전)요, 둘은 무루無漏(완전)이다. 불성은 유루도 아니고 무루도 아니므로 끊어지지 않느니라. 마지막으로 두 가지가 있으니, 하나는 항상한 것이며, 둘은 무상한 것이다. 불성은 항상한 것도 아니고 무상한 것도 아니므로 결코 끊어질 수 없는 것이니라.

『대승열반경』권20,「22. 광명변조고위덕보살품光明遍照高貴德菩薩品」

붓다 불성이 있으므로 일천제들이라도 문제가 있는 본마음만 버리면 모두 아뇩다라삼먁삼보리를 이룰 수 있느니라. 이런 것을 성문이나 연각으로는 알 수가 없나니, 오직 보살만이 아는 것이다. 이런 뜻으로 예전에 알지 못했던 것을 지금에는 안다고 하는 것이니라.

『대승열반경』권22, 「22. 광명변조고위덕보살품」

고위덕왕보살 일천제들도 불성이 있으므로 법문을 듣거나 듣지 않거나 모두 아뇩다라삼먁삼보리를 얻을 수 있는 까닭이옵니다.

『대승열반경』권24, 「22. 광명변조고위덕보살품」

천제성불설로 인해 대승불교의 정체성은 명확해지며, 붓다에 의해 제창된 인간 평등은 비로소 완벽하게 구현된다. 물론 『대승열반경』 이전에도 『법화경』에서 '8세의 용녀'나 불교에서 최고의 악인으로 평가되는 '제바달다'도 붓다가 될 수 있다는 등의 천제성불과 유사한 내용들이 논의된 바 있다. 그러나 이것이 천제성불설로 명확하게 못 박힌 것은 『대승열반경』에 와서야 비로소 가능해진다.

인도가 오늘날까지 카스트제도에서 완전히 자유롭지 못하다는 점을 고려한다면, 4세기의 천제성불설이야말로 얼마나 놀랍고 위대한 선언인지 알 수 있다. 이는 1870년 미국에서 수정헌법 제15조에 의해 흑인에게 참정권이 부여된 것과 비견되는 인류 인권사에서 가장 의미 있는 사건 중 하나라고 하겠다.

문수사리 사가라 용왕에게 여덟 살짜리 딸이 있습니다. 지혜롭고 총명하니, 중생들의 신身·구口·의意 삼업의 일체를 잘 알고 다라니陀羅尼(dhāraṇī, 총지總持, 총체적인 지혜와 공덕을 가지는 것)를 얻었습니다.

(…)

그때 여러 모인 이들이 보니, 용녀가 잠깐만에 남자로 변신하여서 보살의 행을 갖추었다. 그러고는 곧장 남방의 무구無垢세계로 가 보배 연꽃에 앉아 올바른 깨달음을 성취했다. 붓다에게 존재하는 32가지 모습과 80가지의 세세한 덕상을 갖추었으니, 시방의 모든 중생들에게 미묘한 법을 연설하였다.

붓다께서 모든 대중에게 말씀하셨다. "제바달다는 이 세상을 떠난 후 한량없는 겁을 지나 마땅히 붓다가 될 것이다. 그 이름은 천왕여래天王如來로 응공應供·정변지正遍知·명행족明行足·선서善逝·세간해世間解·무상사無上士·조어장부調御丈夫·천인사天人師·불세존佛世尊의 여래십호如來十號를 두루 갖추느니라. 또 그 세계 이름은 천도天道라고 할 것이다.

『법화경』권4,「12. 제바달다품」

『대승열반경』속 구도의 영웅,
설산동자

장편의 대승경전에는 가르침의 실천자로서 상징적인 인물이 등장한다. 이들은 각 경전이 추구하는 이상의 실천자로 모범적인 영웅이라고 이해하면 되겠다.

인도인들은 영웅신화를 좋아한다. 세계의 대표적인 영웅신화 주인공은 희랍신화의 헤라클레스나 테세우스 또는 『일리아스』의 아킬레우스나 『오디세이아』의 오디세우스를 생각하면 된다. 중국신화에서는 『산해경山海經』이나 『회남자淮南子』에 등장하는 신궁神弓 예羿가 대표적이다. 물론 영웅신화의 주인공이라고 해서 이들의 최후가 모두 해피엔딩인 것은 아니다.

인도의 영웅신화라면 『라마야나Rāmāyaṇa』의 라마왕자와

『마하바라타Mahābhārata』의 크리슈나가 대표적이다. 라마와 크리슈나는 힌두교의 세 신(창조 - 브라흐만, 유지 - 비쉬누, 파괴 - 시바) 중 비쉬누신이 인간의 모습으로 변화해서 나타난 화신化身, 즉 아바타라Avatāra•다.

　　인도인들은 오늘날까지 라마와 크리슈나에 열광한다. 희랍신화 속의 헤라클레스 같은 인기가 오늘날까지도 고스란히 내려오고 있는 것이다. 이런 특징적인 인도의 배경문화 때문에 대승불교에서도 각 경전의 이념을 실천하는 영웅을 등장시키곤 한다. 대표적인 대승경전에 등장하는 영웅들은 다음과 같다.

1. 진리 중심의 철학적 이해를 강조하는 경전

　　①『대반야경』　　··· 상제보살常啼菩薩

　　②『화엄경』　　　··· 선재동자善財童子

2. 붓다 중심의 신앙을 강조하는 경전

　　③『법화경』　　　··· 상불경보살常不輕菩薩

　　④『대승열반경』　··· 설산동자雪山童子

• 이 '아바타라'라는 인도 말에서 영화 〈아바타〉나 인터넷 속에서 유저를 상징하는 '아바타'라는 용어가 나오게 된다. 즉 아바타는 원래는 신의 변화된 몸(화신)이라는 뜻이며, 현대에는 나를 대신하는, 나의 또 다른 상징 정도라고 하겠다.

흥미롭게도 두 범주 모두 한 명의 보살과 동자로 구성되어 있는 것을 알 수 있다. 참고로 보살은 타인과의 관계 속에서 자신을 양보하며 대승불교로 이끄는 헌신적인 노력을 보이는 모습으로 등장한다. 이에 반해 동자는 진리를 추구하는 순수하지만 강력한 실천자로 묘사된다.

『대반야경』 - 상제보살

상제보살은 언제나 우는 울보 보살이다. '살타파륜薩陀波倫'이라고 하는데, 이는 번역된 이름인 '상제'에 상응하는 인도 말(Sadāprarudita)의 음역이다. 상제란, '그치지 않고 계속 운다'는 의미이다. 그래서 별명 겸 이름이 울보, 즉 상제보살이 된다.

상제보살이 우는 이유는 두 가지다. 첫째는 반야바라밀의 가르침을 들으면 그 환희에 감정을 주체할 수 없어 침식을 잊은 채 울기 때문이다. 둘째는 붓다가 계시지 않은 세상에서 중생 구제를 위한 고민에 운다는 것이다. 즉 상제는 '진리의 추구'와 '자비의 실천'을 위해 울고 있는 셈이다.

상제보살의 감정을 주체하지 못하는 구도행은 우리나라와도 연관된다. 상제는 동북쪽 금강산의 법기보살法起菩薩(혹 담무갈보살曇無竭菩薩)을 찾아가 반야바라밀의 가르침을 듣는

담무갈보살
(법기보살)

태조 왕건

:
노영 필 아미타여래구존도 및 고려 태조 담무갈보살 예배도(보물) 뒷면. 중앙의
지장보살 위로 담무갈보살이 8대 보살과 함께 서 있으며, 담무갈보살을 향해
절을 하는 태조의 모습이 표현되어 있다.

것으로 나타나기 때문이다.

『화엄경』「보살주처품」(보살님들이 사는 곳을 기록한 내용)에는 동북쪽 바닷속 섬에 금강산이 있고, 여기에 법기보살이 1만 2천의 권속들에게 가르침을 설한다는 내용이 있다. 이를 근거로 고려시대 원 간섭기 초 개골산(금강산의 본래 이름)이 금강산으로 확정된다.

민지閔漬는 1305년에 작성한 『금강산유점사사적기金剛山楡岾寺事蹟記』에서 '고려는 반도이기 때문에 섬과 같다(?)'는 다소 궁색한 논리를 펴며, 인도의 동북쪽에 위치한 고려에 금강산이 존재하는 이유를 설명하고 있다. 이는 금강산이라는 불교 성지를 어떻게든 고려에 두고 싶었던 강력한 의지의 표현이 아닌가 싶다.

법기보살의 성지로서 금강산은 다른 어떤 불교국가에도 존재하지 않는 한반도 불교만의 큰 특징이다. 이 때문에 금강산은 중국에서도 매우 유명하게 된다. 『동국여지승람』권47에는 양촌陽村 권근權近이 1396년 명나라 태조인 주원장朱元璋(재위 1368~1398)을 친견했을 때, 황제는 권근이 시를 잘 짓는다는 말을 듣고는 시제試題 20개를 주었나는 내용이 있다. 그런데 시제 가운데 '금강산'도 있었다고 전해진다. 즉 금강산은 중국 황제도 인지할 정도의 유명세를 떨치고 있었던 동방의 최고 성지였던 것이다.

상제보살이 금강산에 와서 중향성衆香城의 법기보살에게 반야바라밀의 가르침을 받는다는 것은 상제 역시 한반도에 왔다는 종교적인 설정이 가능한 측면이 된다. 이런 점에서 본다면, 상제보살은 우리에게도 매우 친숙한 보살이라고 하겠다.

『화엄경』 - 선재동자

선재동자는 『화엄경』의 맨 마지막인 「입법계품」에 등장하는 구도求道의 주인공이다. 「입법계품」은 대승경전에서도 이례적인 엄청난 분량으로 기록되어 있으며, 그에 걸맞는 다채로운 내용을 포함하고 있다.

「입법계품」은 본래 별도로 유통되다가 『화엄경』 안으로 편입되었다. 또 편입된 이후에도 독립성이 강해 다시금 별도로 유통되기도 한다. 실제로 삼부화엄三部華嚴, 즉 『60권 화엄경』·『80권 화엄경』·『40권 화엄경』 중 『40권 화엄경』은 선재동자 구도기인 「입법계품」에 해당한다.

달은 지구에 비해 위성으로서의 크기가 너무 크다. 그래서 달이 조금만 더 컸다면, 태양계의 또 다른 행성이 되었을 수 있다는 말도 있다. 『화엄경』과 「입법계품」의 관계 역시 지구와 달과 같다. 그래서 「입법계품」은 『화엄경』 안에 있으면서도 강한 독립성을 가지고 있는 것이다.

선재동자는 문수보살의 인도를 시작으로 보현보살에 이르는 53명의 선지식, 즉 스승들을 찾는 기나긴 구도 여정에 오른다. 그리고 마침내 보현행원普賢行願과 더불어 선재는 붓다로 거듭난다.

선재가 만난 선지식들이 꼭 위대한 분들만은 아니다. 관세음보살이나 정취보살 및 승려와 같은 능력자들도 있지만, 그중에는 임금과 부자처럼 상류층의 인물들도 있다. 또한 어린아이나 몸을 파는 창녀 그리고 다른 종교인을 만나 가르침을 받는 모습도 살펴진다.

공자는 "삼인행三人行 필유아사必有我師", 즉 '세 사람이 함께 가면 그 속에는 반드시 스승 되는 이가 있다.'라고 했다. 장점은 취하고 단점은 버리며 타산지석으로 삼는다면 도처에 스승과 선지식 아닌 이는 없는 것이다. 벌이 꽃에서 꿀을 취하듯 한다면 모든 이는 그 자체로 이미 스승 아니겠는가.

선재동자의 53선지식 참배는 모든 이들을 만나 깎이고 닦이면서 마침내 붓다가 되는 인간 승리의 과정을 보여준다. 이 때문에 한국불교에서 흔히 독송하는 「화엄경약찬게」 속에 이들 53분의 이름을 모두 넣어 나열하고 있다. 즉 우리 모두는 존중받아 마땅한 선지식이며, 그렇게 서로 탁마하면서 보살이 되어 붓다의 옛길로 나가고 있는 것이다.

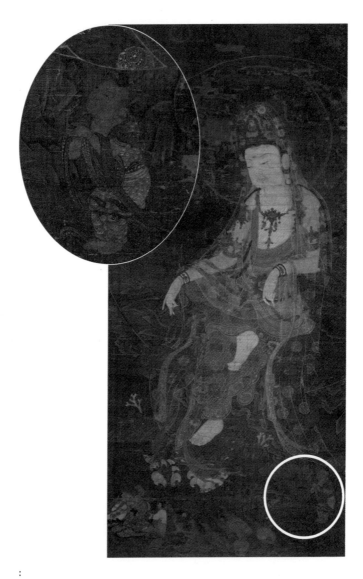

:
〈수월관음도〉(고려, 메트로폴리탄미술관 소장). 고려시대 많이 그려졌던 수월관음도는
『화엄경』「입법계품」에서 구도 여정에 든 선재동자가 보타락가산의 관음보살을 만난
장면을 표현하고 있다.

善財童子善知識 文殊舍利最第一 德雲海雲善住僧
선재동자선지식 문수사리최제일 덕운해운선주승

彌伽解脫與海幢 休舍毘目瞿沙仙 勝熱婆羅慈行女
미가해탈여해당 휴사비목구사선 승열바라자행녀

善見自在主童子 具足優婆明智士 法寶髻長與普眼
선견자재주동자 구족우바명지사 법보계장여보안

無厭足王大光王 不動優婆遍行外 優婆羅華長者人
무염족왕대광왕 부동우바변행외 우바라화장자인

婆施羅船無上勝 獅子嚬伸婆須密 毘悉祇羅居士人
바시라선무상승 사자빈신바수밀 비실지라거사인

觀自在尊與正趣 大天安住主地神 婆珊婆演主夜神
관자재존여정취 대천안주주지신 바산바연주야신

普德淨光主夜神 喜目觀察衆生神 普救衆生妙德神
보덕정광주야신 희목관찰중생신 보구중생묘덕신

寂靜音海主夜神 守護一切主夜神 開敷樹華主夜神
적정음해주야신 수호일체주야신 개부수화주야신

大願精進力救護 妙德圓滿瞿婆女 摩耶夫人天主光
대원정진력구호 묘덕원만구바녀 마야부인천주광

遍友童子衆藝覺 賢勝堅固解脫長 妙月長者無勝軍
변우동자중예각 현승견고해탈장 묘월장자무승군

263

最寂靜婆羅門者 德生童子有德女 彌勒菩薩文殊等
최 적 정 바 라 문 자 덕 생 동 자 유 덕 녀 미 륵 보 살 문 수 등

普賢菩薩微塵衆
보 현 보 살 미 진 중

「화엄경약찬게」중

『법화경』 - 상불경보살

상불경보살은 상대를 언제나 존중하는 보살로 「상불경보살
품」에 등장하는 석가모니불의 전생 중 하나이다. 상불경보살
은 인도어로 '사다파리부타Sadaparibhuta'인데 '무시하거나 천
시하지 않는 이'를 가리킨다. 즉 언제나 모두를 존중하는 하
심下心의 보살이 상불경인 것이다.

　상불경은 위음왕불이 열반하신 뒤 불교가 무너지던 시
대의 '보살비구'이다. 보살비구라는 명칭이 생소한 이도 있겠
지만, 대승불교의 승려들은 원칙적으로 보살과 비구를 겸하
는데, 오늘날까지도 출가 시 비구계와 보살계를 함께 받는다.
결국 보살비구란, 대승불교에 속한 독신의 출가 승려를 지칭
한다고 이해하면 된다.

　상불경은 불교가 무너지는 상황에서도 모든 이들이 붓

다가 될 것이라는 대승불교의 슬로건을 믿으며 그들을 예배하고 공경한다. 그러면서 '당신은 붓다가 되실 분'이라 하며 각성할 것을 촉구한다. 이때 사람들이 상불경을 비웃으며 폭력을 가했는데, 그럼에도 상불경은 존중의 태도를 일관되게 유지했다.

『노자老子』 제66장에는 "강과 바다가 모든 골짜기 물의 왕이 될 수 있는 것은 가장 낮기 때문이다."라는 말이 있다. 이는 항상 낮은 자세로 상대를 존중한 상불경보살이 가장 빨리 붓다가 될 수 있는 것과 상통한다. 한편 성리학의 율곡과 퇴계는 '진실함(성誠)'과 '공경됨(경敬)'을 강조했다. 상불경보살이야말로 진실함으로 모든 이들을 공경하여 섬겼으니, 이들의 주장에 부합되는 실천자라 하겠다. 상불경은 대승불교의 위대함을 모르고 헐뜯는 이들에게 진정으로 자신을 낮추는 존중의 의미가 무엇인지 잘 알게 해 준다.

『대승열반경』 - 설산동자

설산동자는 『대승열반경』 권14의 「19. 성행품聖行品」에 등장하는 석가모니불의 전생 중 하나다. 설산동자는 바라문 신분으로 '설산대사雪山大士'로도 칭해지는데, 여기에서의 '대사大

士'는 보살의 한자식 번역어다. 즉 설산보살이라는 의미이다.

　설산동자는 설산雪山, 즉 히말라야에서 오랜 시간을 좌선하며 열심히 수행한다. 그러나 효과적인 대승불교의 가르침을 배울 수 없어 한스러워하고 있었다. 이때 제석천이 설산동자를 시험하기 위해 사람을 잡아먹는 나찰 요괴로 변신해서 "제행무상諸行無常 시생멸법是生滅法"이라는 반쪽의 게송을 읊조린다. 이 나찰 요괴의 소리에 귀가 번뜩 뜨인 설산동자는 나머지 반쪽 게송도 가르쳐 줄 것을 요청한다. 그러자 요괴는 배가 고파 헛소리를 한 것이라며, 먹을 것을 주면 나머지 게송도 가르쳐 주겠다고 답한다. 이에 설산동자는 육식을 하는 나찰 요괴에게 먼저 게송을 가르쳐 주면, 높은 나무에서 떨어져 죽을 테니 먹으면 된다고 약속한다. 이에 나찰 요괴는 남은 게송을 가르쳐 준다.

　"생멸멸이生滅滅已 적멸위락寂滅爲樂."

　그러자 설산동자는 이 대승불교의 가르침을 주변에 새겨 망실되지 않도록 하고 나무에 올라가 뛰어내린다. 이때 나찰 요괴는 제석천의 모습으로 되돌아와 설산동자를 다치지 않게 받고는 그의 죽음을 불사하는 구도심을 찬탄한다. 설산동자는 이 위법망구爲法忘軀(진리를 위해서 육신을 돌보지 않음)의 위대한 행동으로 인해, 무려 20겁이라는 긴 세월을 초월하여 미륵보살보다 먼저 깨달아 석가모니불이 된다.

:
김제 금산사 대장전(보물) 외벽에 그려진 벽화.
진리를 얻기 위해 자신을 희생하는 설산동자의 모습이 그려져 있다.

설산동자가 들은 대승의 게송을 〈설산게雪山偈〉(설산의 게
송)라고 한다.

1. 현상세계의 법칙과 한계

제행무상諸行無常

모든 현상은 고정되어 있지 않고 변화하나니,

시생멸법是生滅法

이것이 생멸하는 이 세계의 법칙이다.

2. 현상세계를 넘어선 열반의 행복

생멸멸이生滅滅已

생멸이라는 현상계의 법칙들이 모두 사라지면,

적멸위락寂滅爲樂

무지(무명)가 소멸한 (열반이 드러나) 즐거움이 되리라.

〈설산게〉는 법현이 번역한 또 다른 열반 경전인 『대반열반경
大般涅槃經』 권3 내용 중 붓다께서 임종 직전에 설하신 마지
막 가르침으로 나온다. 이 게송은 초기불교 때부터 존재했던
것으로 판단되는데, 『별역잡아함경』 권16에도 붓다의 말로
기록되어 있다. 또 『잡아함경』 권22와 권34에는 다음과 같은
유사한 게송이 수록되어 있기도 하다.

일체행무상一切行無常

시즉생멸법是則生滅法

생자이복멸生者旣復滅

구적멸위락俱寂滅爲樂

일체의 현상은 고정되어 있지 않고 변화하나니,

이것이 곧 생멸하는 이 세계의 법칙이다.

발생이라는 현상계의 법칙들이 모두 사라지면,

무지(무명)가 소멸한 (열반이 드러나) 즐거움이 갖추어지리.

『잡아함경』권22

일체행무상一切行無常

실개생멸법悉皆生滅法

유생무부진有生無不盡

유적멸위락唯寂滅爲樂

일체의 현상은 고정되어 있지 않고 변화하나니,

모든 것은 생멸하는 이 세계의 법칙일 뿐이다.

발생한 것이 모두 다하여 끝나게 되면,

오직 무지(무명)가 소멸한 (열반이 드러난) 즐거움이라.

『잡아함경』권34

그런데 권44에는 유사한 내용이 석제환인, 즉 제석천의 계송으로 되어 있어 주목된다. 즉 붓다와 제석천이라는 두 가지 전승이 『대승열반경』 이전부터 존재하고 있었던 것이다.

석제환인설게釋提桓因說偈

일체행무상一切行無常

사개생멸법斯皆生滅法

수생심이멸雖生尋以滅

사적멸위락斯寂滅爲樂

석제환인이 계송으로 말하였다.

일체의 현상은 고정되어 있지 않고 변화하나니,

이것은 모두 생멸하는 이 세계의 법칙일 뿐이다.

비록 발생하는 이치를 찾아도 소멸함을 벗어나지 않나니,

이것이 무지(무명)가 소멸한 (열반이 드러난) 즐거움이라.

『잡아함경』 권44

내용상으로 봤을 때, 〈설산게〉의 우리가 사는 현상세계와 이를 극복한 이상세계의 제시, 또 적멸이라는 열반을 진정한 즐거움이라는 긍정적 표현으로 사용하는 것은 『대승열반경』의 불신상주나 열반사덕의 관점과 맞아 있다. 특히 상·낙·아

270

·정의 열반사덕 중에 '낙'이 있다는 점에서 더욱 그렇다.

〈설산게〉성립은 분명『대승열반경』보다 빠르다. 그러나 〈설산게〉에는『대승열반경』의 문제의식이 짙게 녹아 있다. 즉『대승열반경』이 대두해서 완성되는 핵심 기폭제에 〈설산게〉의 사상과 문제의식이 존재하고 있는 것이다.

동아시아불교의 4대 경전

한국불교에서 〈설산게〉는『대승열반경』의 정수로 꼽히며 널리 중시되었다. 이 때문에『원각경』「3. 보안보살장普眼菩薩章」을 축약해 만든 〈무상게無常偈〉 말미에 〈설산게〉가 등장한다. 〈무상게〉는 한국의 불교의식에서 광범위하게 사용되며, 일부 사찰에서는 새벽과 저녁의 예불 때 영단靈壇(망자를 모신 제단)을 향해 암송한다.

이외에도 망자가 좋은 세계로 가도록 기원하는 「관음시식觀音施食」 등 천도의식문에는『금강경』의 네 구절 게송(사구게)인 "범소유상凡所有相 개시허망皆是虛妄 약견제상비상若見諸相非相 즉견여래卽見如來"와『법화경』권1「방편품」의 네 구절 게송인 "제법종본래諸法從本來 상자적멸상常自寂滅相 불자행도이佛子行道已 내세득작불來世得作佛"과 더불어 언제나

271

함께 등장하곤 한다. 즉 〈설산게〉는 『대승열반경』을 대표하는 게송으로 『금강경』·『법화경』 게송과 어깨를 나란히 하는 것이다. 이는 『대승열반경』의 한국불교 내 위상이 『금강경』·『법화경』과 비견되는 최고의 경전임을 분명히 해 준다.

『금강경』 사구게

범소유상凡所有相

개시허망皆是虛妄

약견제상비상若見諸相非相

즉견여래卽見如來

현상에 존재하는 모든 형상은

모두 다 실체가 없는 허망한 것이다.

만약 모든 형상의 실체 없음을 보게 된다면,

곧장 여래(의 본모습)을 보는 것이라.

『법화경』 사구게

제법종본래諸法從本來

상자적멸상常自寂滅相

불자행도이佛子行道已

내세득작불來世得作佛

모든 본질은 원래부터
언제나 무지(무명)가 소멸한 실상이었다.
불교도가 이 진실을 터득한다면,
오는 세상에는 반드시 붓다가 되리라.

참고로 '『화엄경』과 『대반야경』의 게송은 왜 천도의식문에 등장하지 않는가?'라는 의문을 가질 수도 있다. 『화엄경』은 '나무 대방광불화엄경(크고 방정하고 넓은 붓다를 빛나는 꽃으로 장엄하는 『화엄경』에 귀의합니다)'이라는 문구로 등장한다. 그리고 『대반야경』은 천도의식문 외에 한국불교 일상의 모든 곳에서 '마하반야바라밀'이라는 표현으로 일반화되어 있다. 이는 불교의 모든 축원과 의식문 마지막에 '마하반야바라밀'을 복창하는 것을 통해서 알 수 있다. 이렇게 놓고 본다면, 동아시아불교는 대승불교의 4대 경전인 『대반야경』·『화엄경』·『법화경』·『열반경』을 아우르는 4강 체계로 이루어져 있다고 하겠다.

설산동자 이야기가 표현된 불교 유물

〈설산게〉가 표현된 한국불교의 최고 유물은 일본 호류지(법륭사法隆寺) 대보장원大寶藏院에 소장되어 있는 옥충주자玉蟲

273

廚子(다마무시노즈시)다. 옥충주자는 옥충, 즉 비단벌레의 무지
갯빛 날개를 붙여서 장식한 불상을 모신 불감佛龕이다.

비단벌레가 한반도 남쪽에 분포한다는 점에서 삼국시대
에 일본으로 전해진 것으로 연구되고 있는데, 이 옥충주자의
옆면에 설산동자의 이야기를 유려한 선과 치명적인 예술혼으
로 표현한 그림이 자리하고 있다. 이는 한반도가 삼국시대부
터 『대승열반경』에 매료되어 있었음을 알게 해 주는 귀중한
유물이다.

일본 나라 호류지에 자리한 옥충주자(사진은 모사본).

274

:

옥충주자 옆면에 자리한 시신문게도(施身聞偈圖, 모사본). 석가모니불의
전생으로 일컬어지는 설산동자의 이야기를 표현하고 있다. 위 도판에
부여된 번호는 높은 곳에서 뛰어내리는 설산동자의 사건 순서에
따른 것이다. 한편 오른쪽에 서 있는 인물은 설산동자를 받아내는
제석천이다.

선남자여!
번뇌를 끊은 것은 열반이라 하지 않고,
번뇌가 생기지 않음을 열반이라 하는 것이다.

선남자여!
붓다는 번뇌가 일어나지 않으므로 열반이라
이름하며,
가진 지혜가 진리에 장애됨이 없으므로
여래라 칭하느니라.

–

『대승열반경』 권23, 「22. 광명변조고귀덕왕보살」

03

『대승열반경』이
동아시아에 던진 의미

열반 자체는 본래 없다가 지금 있는 것이 아니다.
만일 열반 자체가 본래 없다가 지금 있다면, 이는
완성된(무루無漏) 항상한 진리가 아니리라. 붓다가
있거나 없거나를 떠나서, 본질인 열반은 항상 존
재하건만, 중생들은 번뇌에 가리어서 이 열반을
보지 못하는 것이다. 그러나 보살마하살은 계율
과 선정과 지혜로써 마음을 닦아 번뇌를 끊었으
므로 문득 보는 것이다. 열반은 항상 머무는 진리
로서, 본래는 없다가 지금 있는 것이 아니기 때문
에 '항상하다.'라고 하는 것이다.

선남자여! 어두운 우물 속에 다양한 보물(칠보)이 있는 것을 사람들이 알아도 어두워서 보지 못한다. 그러나 지혜로운 사람이 방편으로 등불을 비치면 모두 보게 된다. 이때 사람들은 '다양한 보물이 본래 없다가 지금 있다.'라고 생각하지 않는다. 열반도 그와 같아 본래부터 있는 것이요, 지금에 비로소 있는 것이 아니다. 번뇌가 어두워서 보지 못하면, 큰 깨달음의 여래가 좋은 방편으로 지혜의 등불을 켜서 보살들로 하여금 열반이 '항상하고 즐겁고 내가 있고 깨끗하다'는 것을 보게 해 준다. 그러므로 지혜로운 이는 본래 없던 것이 지금 있다고 말하지 않느니라.

－

『대승열반경』 권19, 「22. 광명변조고귀덕왕보살」

불성과
중국 인성론의 만남

『대승열반경』의 가장 중요한 구절은 "일체중생 실유불성"이다. 이 구절은 인간의 존엄성과 평등을 드러내는 위대한 선언이다.

후일 중국불교의 선종에서는 이 불성이 미래의 가능성으로 존재하는 것이 아니라 이미 완성되어 있다고 주장한다(불성현기). 그렇다면 불성을 가진 모든 중생은 일체의 가감 없이 현재 그 자체로 붓다(완전함)인 것이 된다.

선종 중 하나인 우두종의 우두 법융牛頭法融과 천태종의 형계 담연荊溪湛然(묘락대사) 등은 무정불성론無情佛性論을 주장한다. 무정불성이란, 무생물도 불성을 가지고 있다는 관점이다.

:
우두 법융(좌)과 형계 담연(우).

처음에 불성을 지닌 존재의 범주는 인간으로 한정되었
다. 그러다가 점차 생물과 식물로 확대되고, 마지막에는 무생
물로까지 불성의 범주를 개방한다. 이는 이 세계의 모든 존
재가 붓다가 될 수 있음을 의미하며, 한 발 더 나아가 '우주가
그대로 붓다일 뿐'이라는 일진경계一眞境界(혹은 일진법계一眞
法界, 하나의 참된 경계)의 주장이 성립하게 된다.

이런 점에서 본다면『대승열반경』의 "일체중생 실유불
성"은 불교사에 한 획을 그은 희대의 명언인 셈이다.

인간의 본질에 대한 탐구

중국은 전통적으로 희랍이나 인도, 기독교나 이슬람과 같은 류의 신神을 믿지 않았다. 물론 중국에서도 천단天壇이나 종묘사직으로 대변되는 하늘이나 조상신 또는 곡식신과 같은 신들을 믿었지만 이는 유신론적 전통에서의 믿음과 차이가 크다. 우리가 흔히 하는 말 가운데 '잘되면 내 탓, 잘못되면 조상 탓'이라는 말이 있다. 이처럼 신을 믿기는 하지만 인간 중심의 구조 속에서 일종의 방어 기제로 부수적인 신의 역할이 존재하는 정도이다.

신에 대한 의존도가 낮다는 것은 인간 중심의 강력한 인본주의가 작동함을 의미한다. 이 때문에 인간의 본질에 대한 추구는 중국에서 춘추전국시대부터 중요한 논점이 되어 왔다. 우리가 흔히 아는 맹자의 성선설性善說이나 순자荀子의 성악설性惡說은 모두 '인간의 본질을 선으로 볼 것이냐, 악으로서 오염된 것으로 볼 것이냐'에 대한 논리적 충돌이다. 이러한 인간의 본질에 대한 탐구를 '성론性論' 또는 '인성론人性論'이라고 한다.

그러나 정치철학과 윤리학적 속성이 강한 유교에서 인간의 본질을 모색한다는 것은 그리 간단한 문제가 아니었다. 정치하는 도중의 여가로서 공부로는 효율을 내기가 어려웠던 것이다. 이로 인해 유방의 한나라 초까지 논의되던 중국 인성론에 대한 탐구는 더 이상 진전을 보지 못하게 된다.

그러다 후한 명제 때인 67년에 불교가 들어오면서 인성론 문제가 재점화된다. 불교 역시 인간의 한계를 극복해 신보다 더 위대한 붓다가 되는 것을 목표로 하기 때문이다. 이러한 불교의 인본주의적 측면과 출가 수행이라는 전문적인 노력의 결과는 유교에 비할 바가 아니었다. 이로 인해 중국인이 본격적으로 불교를 알아 가기 시작하는 위진남북조시대가 되면, 중국 인성론의 주류는 유교에서 불교로 완전히 넘어가게 된다. 이 시기 가장 중요한 불교경전이 바로 5세기 초에 번역되는 『대승열반경』이다. •

흔히 맹자의 성선설과 순자의 성악설을 대립 관계로 알고 있지만, 성악설도 본래 선한 본질이 현재 오염되어 있었다는 것으로 그 본 주장에는 차이가 없다.

성악설은 인간의 본성을 더럽혀진 거울과 같은 관점에서 파악한다. 그러나 여기에서의 핵심은 '더럽혀져 있어도 거울의 본질은 깨끗하다'는 것이다. 그러므로 더럽혀진 때를 교육을 통해 닦아내야 한다는 것이 순자의 가장 핵심적인 주장

• 관련하여 6세기 중반에 또한 충격을 던진 책이 있는데, 그것은 바로 마명馬鳴(Aśvaghoṣa)이 지었다고 전해지는 『대승기신론大乘起信論』이다. 다만 필자는 이 책의 저자를 진제로 본다.

286

이 된다.

『순자』는 전체 32편으로 되어 있는데, 그중 한 편이 학문을 권장한다는 의미의 「권학勸學」이다. 여기에는 "청출어람청어람靑出於藍靑於藍", 즉 '쪽에서 뽑아내는 푸른색은 쪽빛보다 더 푸르다'라는 의미의 극기克己 문구가 나온다. 이의 축약이 바로 '청출어람靑出於藍'인데, 이러한 극복 가능한 성악설의 의미 때문에 중국에는 성선설만 있고, 인간은 악으로 태어난다는 본질적인 성악설은 존재하지 않는다고 하는 것이다.

중국 인성론의 강력한 성선설적 배경 속에서 『대반열반경』의 불성사상(일체중생 실유불성)은 같은 논조를 지닌 훨씬 심도 있고 인상 깊은 사상이었다. 이 때문에 중국인들은 불성사상이 소개되자 열광하게 된다. 마치 강을 좋아해서 한강에 매료되었던 이가 나일강이나 아마존강을 보게 된 상황이라고 이해하면 되겠다. 이런 점에서 『대반열반경』의 불성사상은 중국 인성론사에서 가장 강렬한 획을 긋는 일대 사건이 된다.

불성사상을 이해한
천재

구마라집의 4대 제자(라집사철羅什四哲, 혹은 관중사자關中四子. 승조僧肇·도생道生·승예僧叡·도융道融) 중 한 사람인 도생(축도생, 355~434)은 단박에 깨달아 붓다가 된다는 '돈오성불설頓悟成佛說'과 불성사상의 개창자로 널리 알려져 있다. 도생의 시대는 인도불교가 수용되고 정착하는 단계였으므로 불명확한 부분들이 다수 존재했다.

법현은 418년 『대반니원경』 여섯 권을 번역하는데, 이는 『대승열반경』의 아홉 권까지에 해당하는 부분이다. 즉 앞부분만의 불완전한 번역인 셈이다. 그러나 『대승열반경』은 엄청난 경전이기 때문에 앞부분만으로도 중국불교에 큰 충격을 던지기에 충분했다.

『회남자』 권16의 「설산훈說山訓」에는 "솥 속의 한 점 음식이면, 솥의 음식 맛 전체를 알 수 있다(상일연육嘗一臠肉 지일확지미知一鑊之味)."는 말이 있다. 이 말이 의미하는 바와 같이 『대반니원경』에 담긴 『대승열반경』 번역은 앞의 아홉 권뿐이나, 이것만으로도 『대승열반경』의 놀라운 위용을 알기에는 차고 넘쳤던 것이다.

도생은 418년에 법현이 번역한 『대반니원경』(6권)을 보고는 곧바로 불성사상을 이해해 일천제도 붓다가 될 수 있다는 주장을 전개했다. 물론 이 내용은 중후반에 나오기 때문에 법현의 번역에는 없었다. 즉 앞을 보고 뒤를 유추해 낸 것이다. 그러나 문자만을 보는 사람들에게 경전 밖의 내용은 받아들여질 수 없었고, 도생은 심각한 비난에 직면하게 된다. 이를 혜교의 『고승전』 권7의 「도생전」에서 다음과 같이 적고 있다.

당시는 『대승열반경』의 완질이 중국에 전해지지 않았을 때다. 그러므로 도생이 홀로 밝힌 탁견은 다른 승려들의 심기에 거슬렸다. 이에 보수적인 승려들은 그의 말이 삿되다고 비난하며 분개하는 것이 극심했다. 마침내 승단에 도생의 문제점을 드러내어 공론화시키고 축출하고자 했다. 이에 도생이 뭇 승려들 앞에서 얼굴빛을 바로 하고 서원해서 말했다.

"만약 내 말(천제성불)이 『대승열반경』의 뜻에 어긋난다면, 이 몸에 문둥병이 생기게 되리라. ● 그러나 내 말이 진리에 위배되지 않는다면, 목숨을 마칠 때에는 반드시 사자좌에 앉으리라." ●●

말을 마치자 옷을 떨치고는 떠나갔다.

(…)

후에 담무참이 421년에 번역한 『대승열반경』 40권이 동진의 수도인 건강(현재의 남경)에 도착했다. 경전에는 과연 '일천제에게도 모두 불성이 있다'고 되어 있어, 일전에 도생이 주장한 내용과 완전히 일치했다.

도생은 『대승열반경』을 얻자 곧장 대중들에게 강설했다. 그러다가 육조의 송나라 원가元嘉 11년(434) 11월 경자일에 강서성 여산의 여산정사廬山精舍의 법좌에 올랐다. 얼굴빛이 맑고 중저음이 빼어났다. 논의가 깊어 모든 진리를 풀어 헤치니, 보고 있는 대중들이 기뻐하지 않는 이가 없었다.

법문이 끝날 즈음 갑자기 들고 있던 부채(주미塵尾)가 흔들

● 당시 중국불교에는 불교의 가르침을 잘못 말하면 문둥병을 앓게 된다는 속설이 있었다.

●● 사자좌에 앉는다는 것은 붓다가 된다는 의미이다.

리며 손에서 떨어졌다. 얼굴은 반듯하고 자세는 단정했는데, 법상에 앉은 채로 입적해 있었다. 그런데 얼굴빛이 살았을 때와 조금도 다름이 없으니 마치 선정에 들어 있는 것 같았다. 이에 승려와 신도들이 모두 놀라며 탄식했다.

『고승전』권7,「도생전」

도생의 생애는『대승열반경』의 불성사상으로 점철되어 있다고 해도 과언이 아니다. 그는 붓다의 뜻을 간파했으나 승단에서 축출되는 오명을 입는다. 그러나『대승열반경』의 전래와 함께 상황이 반전한다. 빛이 휜다는 것이 증명되고, 블랙홀이 사진에 찍히면서 그 존재가 명백해지는 것과 같은 일대 사건이 아닐 수 없다. 얼마나 억울함이 깊고 기쁨이 컸으면『대승열반경』을 얻자 바로 강설을 시작했겠는가. 그리고 강론을 거듭하다가 입적에 들었을까.

그런 도생의 저술 가운데는『불성당유론佛性當有論』•이 있다고 전해지나 지금은 찾아볼 수 없다. 이는『대승열반경』의 불성사상이 도생에 의해서 맺어진 결과물, 즉 정수였을 것이다.

• 불성당유란, '불성은 모두에게 있으며, 우리는 반드시 붓다가 된다'는 의미이다.

붓다 선남자여, 모든 중생이 마침내 아뇩다라삼먁삼보리 (최고의 깨달음)를 이룰 수 있다. 그러므로 나는 『열반경』에 말하기를, 온갖 중생과 내지 5역죄(불교의 최고 악행으로 무간지옥으로 가는 죄)나 4중금(4타승, 즉 4바라이로 승단에서 추방되는 죄)을 범한 이와 일천제들도 모두 불성이 있다고 하는 것이다.

『대승열반경』 권26, 「23. 사자후보살품」

동아시아불교의
기틀을 확립하다

『대승열반경』은 중국이 남북으로 나뉘어 있던 시기에 남쪽
의 육조시대(229~589)를 매료시킨다.

『삼국지』는 황건적의 난에서 비롯되는 후한의 붕괴와 위
· 촉 · 오 삼국의 대립, 갈등에서부터 이야기가 시작된다. 그러
나 삼국을 통일하는 것은 조조의 위나라가 아닌 사마씨의 진
晉나라(서진, 265~316)다.

진나라는 여덟 명의 번왕인 8왕의 난(291~306)으로 인해
장장 16년이라는 내부 혼란기를 거치게 된다. 이때 세력의
우위를 점하기 위하여 만리장성 밖의 소위 오호五胡(선비·흉
노·갈·저·강)로 불리는 북방의 이민족을 끌어들인다. 그러나
이는 늑대를 몰아내기 위해 호랑이를 끌어들인 형국이었다.

마침내 이민족에 의해 영가永嘉의 난(308~316)이 발발하며, 수도인 낙양(265~313)과 장안(313~317)이 차례로 함락되고, 진은 끝내 멸망하게 된다. 이후 중원은 선비·흉노·갈·저·강의 오호가 다스리는 열여섯 국가(하·성한·2조·3진·4연·5량)가 동시다발적으로 건국되고 소멸하기를 반복한다. 이를 오호십육국시대(304~439)라 한다.

영가의 난으로 진나라가 무너지자, 진의 황족인 낭야왕 사마예는 회수 이남의 강남으로 내려가 건강(현재의 남경)에 수도를 정하는데, 이것이 동진東晉(317~419)•이다.

이 동진을 시작으로 중국 한족이 북방 이민족에 밀려 남쪽에 왕조를 수립하는 남방 한족 국가 시대가 펼쳐진다. 이를 '육조六祖시대'라고 하며, 동시대 북방에 위치하던 오호십육국시대와 함께 '남북조시대'라고도 부른다. 육조시대는 동진 → 송 → 제 → 양 → 진으로 이어지다가 수나라(581~618)에 의해 비로소 통일된다.••

• 이 동진과 명칭의 혼란을 피하기 위해 앞의 진나라를 '서진西晉'이라 한다.

•• 동진 이전의 남쪽 국가로 『삼국지』 손권의 오나라가 있었으므로, 이를 합해 오 → 동진 → 송 → 제 → 양 → 진의 여섯 왕조, 즉 육조가 되는 것이다.

암울한 현실에 빛이 되어 준 경전

만리장성 밖의 유목민은 무력으로 농경민인 한족을 압도했
다. 결국 주된 터전인 강북을 빼앗긴 한족은 평소 천시하던
강남으로 옮겨와 살게 된 상황이다. 물론 한족은 본토 수복
을 원했지만, 현실적으로는 매우 어려운 상황이었던 것이다.
이와 같이 암울한 현실은 강남의 귀족들로 하여금 한식산寒
食散(오석산: 석유황·석종유·자석영·적석지·백석영)과 같은 환각제
를 유행시키며, 현실을 부정하고 풍자하는 문화를 만들게 된
다. 이는 무력한 한족의 무책임한 방어 기제였다.

　한족에게 우울했던 시대적 한계 속에서 당시 강남불교
에 유행한 경전이 바로 『대승열반경』이다. 『대승열반경』에는
불교가 무너지는 문제 있던 시대에 승려들이 모범이 되어야
한다는 계율에 대한 강조가 반복적으로 나타난다. 또 『대승
열반경』에 담긴 불성사상은, 중생의 본질은 구름에 가린 태
양처럼 현실적으로는 문제가 있지만, 태양 자체가 어두워질
수 없듯 항상 밝다는 점을 분명히 해 준다. 즉 한족의 패배에
대한 '윤리적인 반성'과 '방어 기제로서 현상을 넘어선 본질
적인 우월성을 강조'한다. 이와 같은 불성사상이 『대승열반
경』에 존재하고 있는 것이다.

남본 『대승열반경』의 탄생

북량의 담무참이 번역한 40권 『대승열반경』의 뜻이 명확하
지 않자, 남조의 송나라에서 혜엄慧嚴 · 혜관慧觀 · 사령운謝靈
運 등이 법현 번역의 6권 『대반니원경』과 대조해 정본을 만
든 사실은 강남에서의 『대승열반경』 유행 양상을 짐작케 한
다. 이것을 36권 남본 『대승열반경』이라고 한다. 이는 새롭
게 번역한 것이 아닌 중국불교 안에서 재편된 것으로 『대승
열반경』에 대한 관심과 갈증이 강남에서 얼마나 뿌리 깊었
는지를 잘 나타내 준다. 한편 이 남본의 제작으로 앞선 40권
『대승열반경』은 명칭의 혼란을 피하기 위해 '북본'으로 불리
게 된다.

　　남본 『대승열반경』이 완성된 이후 연구는 주로 정본인
남본을 중심으로 이루어진다. 남본에 대한 연구가 강남에서
얼마나 단시간에 이루어졌는지를 알 수 있는 책이 남본 『대
반열반경』의 주석서로 전체 71권으로 이루어진 『대반열반
경집해大般涅槃經集解』다.

　　이 책은 509년 보살천자 양무제(재위 502~549)의 칙명으
로 보량寶亮 등에 의해 정리된 『대승열반경』의 대표적인 주
석 모음집이다. 이 책에 포함된 주석자들은 ① 도생道生 · ②
승량僧亮 · ③ 법요法瑤 · ④ 담제曇濟 · ⑤ 승요僧宗 · ⑥ 지수智秀

·⑦ 법지法智 ·⑧ 법안法安 ·⑨ 담준曇准 ·⑩ 담애曇愛 ·⑪ 혜랑慧朗 ·⑫ 담참曇懺 ·⑬ 명준明駿 ·⑭ 혜탄慧誕의 총 14인이다. 즉 담무참이 북본『대승열반경』을 번역하는 421년부터 『대반열반경집해』가 완성되는 509년 사이에 대표적인 주석서만 14종이 유행하고 있었고, 이를 하나로 정리해서 대비해 봐야 할 필요가 존재했던 것이다.

이외에도『불조통기佛祖統紀』권37에는 양무제 스스로 529년 대통사同泰寺에서『열반경』을 강의한 내용과『열반경의기涅槃經義記』를 저술했다는 내용 등도 수록되어 있어 주목된다.

육식과 음주에 대한 엄격한 금지

『대승열반경』을 좋아했던 보살천자 양무제는 511년 음력 5월에 동아시아불교의 특징을 규정짓는 최고의 문헌인「단주육문斷酒肉文」을 공포한다.「단주육문」은 계율이 강조된 문헌으로, 육식에 극단적으로 비판적인『대승열반경』의 영향 아래 승려의 술과 고기를 금지하는 황제의 명령이다.

율장은 승려가 삼정육의 고기를 먹는 것을 허용한다. 이슬람의 할랄푸드와 같이 종교적으로 문제가 없는 고기를 붓

:
양무제 초상.

다는 수용한 것이다. 이는 앞서도 언급한 탁발이라는 불교 초창기의 인식이 반영된 결과이다.

승려가 먹을 수 있는 고기인 '정육淨肉'은 '깨끗한 고기'라는 뜻이다. 그러나 자비를 강조하는 대승불교 시대에 성립한 『대승열반경』은 육식에 대한 강한 부정과 육식자에 대한 혐오가 강도 높게 드러나 있다.

또 술은 체온을 올리기 때문에 더운 기후의 인도에서는 크게 선호되지 않았다. 여름에 40~55도까지 올라가는 인도 기후에서 음주는 불쾌함을 유발하는 일이 많았기 때문이다. 이와 같은 인도문화의 특수성으로 인해 '술을 마시지 말라'는 계율은 불교의 다섯 가지 금지 사항인 오계五戒에 해당하지만, 이는 성계性戒가 아닌 차계遮戒로 '권고' 정도에 그치고 있다. 여기에서 성계란 본질적으로 중요한 계율, 즉 절대 해서는 안 되는 것이고, 차계란 성계에 비해 덜 중요한 계율로서 하지 않는 것이 바람직한 것 정도로 이해하면 되겠다.

오계

- 성계 – 절대 해서는 안 되는 것

  ① 불살생不殺生　　살생하지 말라.

  ② 불투도不偸盜　　도둑질하지 말라.

  ③ 불사음不邪婬　　음행하지 말라.

④ 불망어不妄語　거짓말하지 말라.

• 차계 – 하지 않는 것이 바람직한 것

⑤ 불음주不飮酒　술 마시지 말라.

인도에서 술에 대한 계율이 약한 것은 술을 마시는 사람이 적을뿐더러 독한 술은 체온을 크게 상승시키므로 꺼리기 때문이다. 그러나 상대적으로 추운 기후대인 동아시아에서 술에 대한 인식은 인도와 전혀 달랐다. 이로 인해 오늘날까지 우리에게 술은 주폭 등의 문제를 야기할 정도로 골칫거리가 된다.

　참고로 『전국책戰國策』의 「위책魏策」에는 중국의 전설적인 왕조인 하나라 때 술이 발명된 이야기가 수록되어 있다. 내용인즉 의적儀狄이 술을 만들어 우임금에게 진상하니, 맛있게 마신 후 "후세에 술로 인해서 나라를 망치는 사람이 반드시 있을 것이다(後世必有以酒亡其國者)."라고 하며 의적을 멀리했다고 한다. 동아시아의 술에 대한 탐닉과 문제점이 잘 나타나 있는 것 같아 흥미롭다.

　동아시아에는 술을 멋스럽다고 긍정하는 부분도 있고, 술을 많이 마시는 것이 남성성을 나타낸다는 등 바람직하지 않은 음주문화가 다수 존재한다. 이로 인해 술은 불교에서 금하는 금지식임에도 불구하고 불교의 중국 정착과 더불어 중국불교에 강하게 파고들고 있었다.

양무제의 「단주육문」

양무제는 스스로 술과 고기 및 오신채를 먹지 않을 뿐 아니라, 여성을 멀리하고 하루를 새벽 예불로 시작하는 등 승려보다 더 엄격한 삶을 살았던 인물이다. 실제로 양무제는 517년부터 사찰뿐만 아니라 국가의 제례 등에도 고기를 사용하지 못하게 금지한다. 이로 인해 당시 제례 풍속이 고기가 올라가는 제사인 육제肉祭가 아닌 채소만 올리는 제사인 소제素祭로 변모했다.

이러한 양무제가 「단주육문」을 통해 고기와 술을 먹던 승려들의 문제점을 조목조목 지적하며, 이를 어길 시에는 법으로 문초하고 강제로 환속시킬 것을 공표한다.

> 제자 소연蕭衍(양무제)이 여러 대덕大德의 고승들과 학문하는 스님들 또 여러 사찰을 주관하는 스님들께 삼가 아룁니다. (⋯)
>
> 붓다의 경전에 불교의 수호를 군주에게 맡긴다고 말하였으니, 이 때문에 제자가 말씀드리는 것입니다. (⋯)
>
> 출가인이 음주를 즐기며 생선과 고기(어육魚肉)를 먹으니, 이는 '외도(이교도)와 같이 행하되 저들만도 못한 것'입니다.

(…)

『(대승)열반경』에서는 "가섭보살아! 내가 오늘 여러 제자에게 계율을 제정하여 일체의 고기를 먹지 못하게 하느니라." 라고 말씀하셨습니다. 그러나 지금 출가인들은 고기를 먹습니다.

(…)

이들은 삿된 말로 꾸며서 "붓다의 가르침에는 율장이 있으며 이는 오늘날까지 전해져 끊이지 않고 있는데, 여기에 육식을 용인하는 내용이 있다."라고 변명합니다. 이를 근거로 돈을 주고 고기를 사면서, "자기가 죽이지 않았으니 괜찮다."라고 주장하며 거리낌이 없습니다.

(…)

지금 출가인이 생선과 고기를 먹으며, "이 고기는 내가 죽인 것이 아니므로 먹어도 된다."라고 말하며 돈으로 고기를 사며 거리낌이 없습니다. 그러나 이처럼 변명하더라도 그 일이 온당한 것은 아닙니다. 왜냐하면 『(대승)열반경』에 "일체의 고기는 모두 끊어야 하니, 저절로 죽은 것까지 모두 그렇다."라고 되어 있기 때문입니다. 저절로 죽은 것도 끊어야 하는데, 하물며 저절로 죽지 않은 것이겠습니까?

(…)

이들은 여래의 옷인 가사만 걸치고, 사람들에게 신심의 보시를 받아 불탑과 사찰에 거처하며 존상尊像만 우러르고 있을 뿐입니다. 만약 술을 마시고 고기를 먹는 일이 이와 같다면, 출가한 사람은 오히려 가정에 있는 사람에도 미치지 못하는 것입니다.

(…)

만약 나태함에 취하여 붓다의 가르침을 따르지 않는다면, 우리 양나라에서는 이들을 일개 백성으로 취급하여 호적에 편입해 버릴 것입니다.

(…)

한 해 동안 『대열반경』을 강의하여 붓다의 가르침이 상속하여 끊어지지 않았으니, 이를 청강하며 감동받은 이들이 무려 천여 명이 넘습니다. 오늘날 다시 법운法雲 법사께서 여러 승려들에게 「사상품四相品」의 〈사중소분四中少分〉을 강의하셨으니, 여러 스님께서는 늘 『(대승)열반경』을 배워 익혀서 합당하게 행하여야 합니다.

(…)

불교경전(『대승열반경』)에서는 궁극적으로 일체의 고기를 끊되 저절로 죽은 것까지도 식용을 허용하지 않는다고 말씀하셨습니다. 그런데 하물며 저절로 죽지 않은 것이겠습니까? 여러 스님께서 출가하시어 '불제자'라 이름하는데, 어찌하여 오늘날 스승(붓다)의 가르침을 따르지 않으려고 하십니까?

경전에는 "고기를 먹으면 대자비의 종자가 끊어진다."라고 말씀하셨습니다. 왜 붓다께서는 대자비의 종자가 끊어진다고 하셨겠습니까? '대자비'란 일체중생을 모두 안락하게 하는 것입니다.

(…)

고기를 먹는 것은 참으로 비루한 짓입니다. 이미 여러 대덕 큰스님들과 학문하는 스님들이 『(대승)열반경』을 강의하셨는데, 어찌 성실하고 정중히 따르지 않을 수 있단 말입니까.

(…)

여러 대덕 스님들께서는 중생의 살을 먹는 것은 마귀의 행위임을 알아야만 합니다. 중생의 살을 먹는 것은 바로 지옥으로 떨어지는 원인(종자種子)이 됩니다.

(…)

제자 소연은 이제 시방의 모든 부처님과 시방의 모든 진리의 가르침과 시방의 모든 성스러운 스님들 앞에서 서약합니다.

대중 스님들은 이제부터는 각자 단속하고 경계하면서 붓다의 가르침에만 의지해 살아야 합니다. 만약 다시 술을 마시거나 고기를 먹으면서 불교의 가르침대로 하지 않는 일이 있다면, 제자가 마땅히 왕법王法으로 다스려 문초할 것입니다. 여러 스님이 만약 여래의 옷을 입고도 여래의 행을 실천하지 않는다면, 이는 거짓되게 승려라 이름하는 것이니 도적과 다를 바 없습니다. 이렇게 수행하는 사람은 제자의 일반 백성이므로 다시 호적에 편입시킬 것입니다.

오늘날 국왕의 권세는 스님들을 다스려 문초하기에 충분합니다. 그러므로 국가에 발각되거나 사찰에서 문제가 있다고 판단되면, 출가한 햇수(법랍法臘)의 노소를 불문하고 문도가 많고 적음을 불문하며, 제자가 사관에게 명하여 대중 스님들을 모아 놓고 건추揵槌(전체 대중을 운집하는 사찰의 신호 용구)를 쳐서 계율을 반납하고 환속시켜 속복을 입게 할 것입니다.

『(대승)열반경』에 의하면, 환속을 관장하는 관리는 가장 나이 많은 노승이나 가장 제자가 많은 이들의 두 종류 승려들을 우선적으로 문초합니다. 왜냐하면 수행이 없는 일개 어린 비구는 엄벌로 다스리더라도 사람들의 마음을 바꾸기에 충분하지 않기 때문입니다. 문제 있는 큰스님을 징계해야 사람들의 이목을 놀라게 할 수 있습니다. 고승과 대덕들에게 이와 같은 일이 있어서는 안 되겠지만, 만약 이러한 일이 있다면 법에 따라 엄히 문초하여 다스리겠습니다.

(…)

만약 법을 어기고 계율을 어기는 이는 모두 승제僧制(승려 관리 제도)에 의거하여 법에 따라 문초할 것입니다. 또 이를 제대로 다스리지 못하는 이도 또한 방임죄를 적용해 엄단할 것입니다.

「단주육문」 부분

「단주육문」은 당시 술과 고기를 먹는 승려들에 대해 부드러우면서 근거에 입각해 조목조목 반박하는 형식으로 되어 있다. 그러나 내용을 보면 실로 무시무시하다. 율장을 핑계 대거나 삼정육 운운하는 것은 모두 불필요하며, 『대승열반경』에 따라 「단주육문」이 반포된 이후 무조건 지키라는 것이다.

이를 어길 시에는 국법으로 다스려 문초하고 환속시킨다는 점과 큰스님도 예외가 아니며 오히려 시범 케이스로 큰스님을 잡겠다는 점, 끝으로 이를 관리·감독하지 못하는 것도 방임죄를 적용해 치죄하겠다는 내용이 분명하게 드러나 있다.

「단주육문」 이후 동아시아불교의 계율은 술과 고기를 금지하는 쪽으로 재규정된다. 만일 양무제의 「단주육문」이 없었다면 동아시아불교 역시 남방불교처럼 육식이 허용되는 형태를 유지했을 것이다. 이러한 점에서 「단주육문」은 동아시아불교 승려의 삶의 방식과 특징을 재규정한 가장 충격적이고 의미 있는 글이라고 하겠다.

양무제의 글이 당시에 강력한 규제력을 보일 수 있었던 것은 양무제 자신이 승려들보다 더욱 엄격한 삶의 태도를 보였기 때문이다. 실제로 「단주육문」에는 한 승려가 '오히려 율장에는 고기를 끊으라는 일과 육식을 참회하라는 법도가 없다'고 반론을 편 것이 기록되어 있기도 하다. 당시 반발이 상당했음을 알 수 있는 대목이다.

그럼에도 양무제가 이를 관철시킬 수 있었던 것은 계율을 철저히 지키는 삶에 대한 자신의 떳떳함과 불교를 외호하고자 하는 강한 의지가 힘을 발휘했기 때문이다.

또 인용문을 통해서도 살펴지는 것처럼 이러한 「단주육문」의 배경에는 『대승열반경』이 자리 잡고 있다. 즉 『대승열반경』이야말로 「단주육문」을 통해서 동아시아불교의 청정성을 확립한 최고의 경전인 것이다.

혜능의 육조 혁명과
불성에 대한 환기

중국은 위진남북조(220~589) 약 370여 년의 혼란기를 극복하고, 통일제국 수나라가 등장하면서 새로운 역사의 장이 열리게 된다. 수나라는 춘추전국시대(기원전 770~221) 550여 년의 분열 왕조를 통합한 진시황의 진나라처럼 통일제국의 기반을 다지는 노력을 전개한다. 이런 과정에서 분열된 사회를 통일시킬 수 있는 이데올로기가 필요했고, 이때 대두하는 것이 바로 천태 지의天台智顗(538~597)의 천태종이다.

수나라 문제는 북제의 정제에게 양위 받아 나라를 건국하고, 관중의 대흥大興(후의 장안, 581~605)을 수도로 정한다. 그러나 2대 황제인 수양제(양주 도독이었던 진왕 양광으로, 양주는 오늘날 남경과 가까운 강남에 위치한다)는 수도를 동쪽의 낙양(605~619)

으로 천도하고, 낙양에서 강남의 항주를 연결하는 경항대운하를 건설한다. 즉 강남의 물자를 새로운 중심지인 강북으로 끌어오려는 대역사의 시작이다. 주지하다시피 대운하 공사는 만리장성과 더불어 중국 최대의 토목공사이다.

양제가 대흥(장안)에서 낙양으로 천도한 이유는 장안과 낙양의 물길 사이에 지주지험砥柱之險이라는 암초가 있어 장안까지 수로를 이용한 물자 수송이 불가능했기 때문이다. 이로 인해 대운하 종착지인 낙양에 물자가 도착하면, 장안까지 육로를 통한 물류 수송이 이루어지게 된다.

대운하는 강남의 풍부한 물자를 강북으로 끌어올리는, 우리의 경부고속도로와 같은 중심 동맥이다. 그러나 수양제에게는 자신의 근거지였던 강남에 대한 향수가 있었고, 실제로 대

:
천태 지의 진영.

309

규모 선단을 갖춘 용선龍船(용주龍舟, 황제 전용 배로서 용 장식을 한 화려한 배)을 타고 강남으로 순행을 하기도 했다.

양제가 황제가 되기 전인 진왕 시절에 가까웠던 고승이 바로 천태종의 지의다. 591년, 천태 지의는 당시 진왕이었던 양광에게 '총지總持'라는 법명을 내려 준다. 양광 역시 지의에게 '지자智者'라는 존호를 올리는데, 이로 인해 지의는 '천태 지자天台智者'로도 불리게 된다.

천태종의 번성과 쇠퇴

통일제국 수나라에서 가장 주목받은 사상은 수양제의 등극과 함께 급부상하는 천태종이다. 실제로 천태종은 사상으로서의 일심삼관一心三觀·회삼귀일會三歸一·삼제원융三諦圓融·일념삼천一念三千과 같은 대통일론이 있었고, 수행법으로 지관법止觀法(『마하지관』·『소지관』)이 존재했다. 즉 철학과 수행이라는 두 가지를 모두 갖춘 종합적인 중국불교였다. 이러한 천태종의 번성으로 말미암아 강남에서 유행한 『대승열반경』을 중심으로 하는 열반종은 천태종에 흡수된다.

다만 천태종은 강남을 중심으로 번성했기 때문에 통일 후 수도가 강북의 대흥성(장안)으로 옮겨진 뒤에도 강남에 본

거지를 두고 있었다. 우리식으로 말하면 수도가 고려의 개경에서 조선의 서울로 바뀌었음에도 불구하고 개경을 고수했던 셈이다. 더구나 수나라(581~618)는 진시황의 진나라(기원전 221~207-15년)·왕망의 신나라(8~24-17년)와 함께 3대 단명 왕조로서 38년밖에 유지되지 못했다.

천태종은 결국 지역과 문화의 변화에 적응하지 못했고, 또 수나라라는 단명 왕조와 결부된 구 세력이라는 굴레를 벗기 어려웠다. 이로 인하여 새롭게 등장한 당나라와 함께 종남산(장안 남쪽)에서 발흥하는 현수 법장賢首法藏(643~712)의 화엄종에 주도권을 내 주게 된다.

하지만 사상과 수행의 두 날개가 고루 갖춰진 천태종과 달리 화엄종은 육상원융六相圓融이나 사종법계四種法界, 십현연기十玄緣起 등 세계관 면에서는 강했지만 수행론(교상즉관법敎相卽觀法·신만성불信滿成佛)에서는 취약한 부분이 있었다. 이로 인하여 이후 장안과 낙양 쪽으로 거점을 옮긴 천태종의 형계 담연荊溪湛然(711~782)이 천태종 부흥을 위한 노력을 기울인다. 그러나 한 번 흘러간 사상이 재조명받는 것은 결코 쉬운 일이 아니었다.

더욱이 이런 상황에서 안사의 난(755~763)이 일어나자 장안과 낙양이 파괴되는데, 이때 간편한 수행론이 인기를 끌면서 새롭게 대두하는 게 바로 혜능(638~713)의 선종(남종선)

이다. 이후 동아시아불교는 '교종(사상과 교리)을 대표하는 화엄종'과 '수행을 대표하는 선종'의 양강 구도로 전개된다.

중국불교 수행론과 『대승열반경』

붓다에 의해 시작된 명상주의 종교인 불교는 발생지인 인도에서 문화적 배경이 다른 중국으로 넘어오며 문화권적 차이에 의한 변화가 나타난다.

대표적인 것이 승려들의 생활문화와 관련된 계율이다. 인도의 더운 기후를 배경으로 한 가벼운 옷(가사)과 탁발과 같은 생활 방식은 중국에 와 유지되는 것이 불가능했다. 즉 두 지역은 각각의 기후 환경에 따른 생활 방식 차이가 현격했던 것이다. 그리하여 당나라 중기에 새롭게 대두하는 승려들의 규칙이 바로 백장 회해百丈懷海의 『백장청규百丈淸規』이다.

기후와 문화의 차이는 수행법에도 큰 영향을 미친다. 더운 지역에서의 수행은 체내에서 열을 빼는, 길게 내쉬는 숨(장출식長出息) 위주의 호흡법과 자신을 타자화시키는 관법觀法 중심이다. 그러나 추운 지역의 수행은 체온을 높이는 들숨 중심의 호흡법과 집중력을 강조하는 직관적인 방식이다. 이 때문에 불교는 인도에서 전래했지만, 인도불교의 수행법은 중국에서 크게 유행하지 못한다. 이 문제를 해소한 것이 중국불교에서 수행법을 재정비함으로써 나타난 천태 지자의 지관법(『마하지관』·『소지관』)이다.

천태종 이전에도 불교 수행과 관련한 많은 시도가 있었다. 그러나 중국불교사에 한 획을 그을 정도로 성공한 것은 없다.

중국 선종의 초조로 알려진 달마대사가 양무제와 만났다는 점을 근거로 천태 지자보다 빠른 인물로 알려져 있지만 그가 실존 인물인지조차 명확치 않으며, 설령 실존 인물이었다 하더라도 양무제와 만났을 개연성은 없다. 이러한 점에서 본다면 이 주장은 천태종의 지관법을 능가하는 오랜 연원을 가진 인도불교의 정통 수행법이 당시 선종 중심의 흐름에 편승해 그 당위성을 갖기 위하여 만들어진 이야기일 수 있다는 추론을 가능케 한다.

중국불교의 수행론은 수나라의 천태종 유행과 함께 다양하게 나타난다. 우두 법융(594~657)의 우두종이나 도신(580~651)·홍인(602~675)의 동산법문東山法門 등이 그것이다. 이렇듯 다양한 수행론의 대두와 함께 강남의 『대승열반경』 유행에 따른 불성사상의 관점에서 재정립되는 것이 바로 당나라 혜능의 남종선이다. 이로써 『대승열반경』의 불성사상은 다시금 저력을 발휘하며 깨어나게 된다.

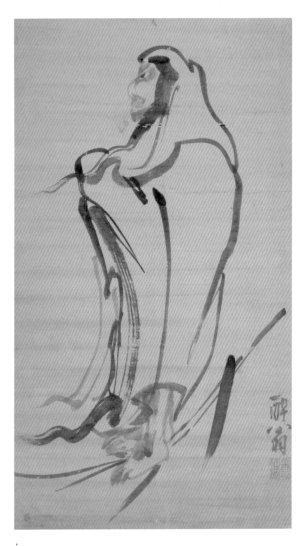

:
〈김명국필 달마도〉.

혜능의 수행론은 '중국문화 전통의 현실에 대한 긍정', 즉 '일상성'과 '중국 인성론을 불교의 불성사상과 접목시킨 견성見性', 즉 '견불성見佛性'의 주장으로 요약될 수 있다. 즉 누구에게나 내재해 있는 불성을 현재에 자각하면 우리는 모두 그대로 붓다라는 것이다.

마음의 본질인 불성을 밝혀 단번에 붓다가 된다는 돈오 주장은 강남에 『대승열반경』을 유행시킨 주역인 도생의 돈오성불론 주장을 상기시킨다. 이를테면 도생이 마르크스라면, 혜능은 이를 발전시켜 구현해 낸 레닌이라고 생각하면 되겠다.

육조혁명과 『대승열반경』

돈오설은 천동설을 믿던 사람이 지동설을 이해하는 것처럼, 현상이 바뀌는 것이 아니라 관점과 인식에 각성이 발현되는 것이다. 이를 철학적으로는 '코페르니쿠스적 전환(Kopernikanische Wendung)'이라고 한다.

인식의 전환이 이루어지기 위해서는 불변하는 고정된 실체가 있어서는 안 된다. 즉 반야공般若空이라는 대승불교 반야부의 '일체 모든 것에는 실체가 없다'는 공사상의 흐름이 존재해야 하는 것이다. 완전성인 불성의 각성을 '실체가 없다'는 공으로 완성하는 구조가 바로 선불교의 철학 체계이다.

혜능의 수행론인 '불성'과 '반야공'의 결합에서 주목되는 것은 두 가지다.

첫째는 도생과 더불어 구마라집의 4대 제자 중 한 명인 승조僧肇다. 승조는 중국인 최초로 반야공사상을 이해한 인물로 평가된다. 즉 승조와 함께 수학한 도생에게도 반야공사상적인 측면이 일정 부분 존재하며, 이것이 강남불교에도 영향을 남겼다는 말이다.

둘째는 혜능이 깨달음을 얻은 구절이 『금강경』의 사구게 중 "응무소주 이생기심應無所住而生其心"(마땅히 머무는 바 없이 그 마음을 낸다)이라는 점이다. 이는 실체가 없는 변화로서의 공사상과 마음의 본질이라는 불성의 연결을 나타내 준다는 점에서 주목된다.

혜능의 '마음(심心=성性)만 있으면 누구나 붓다가 될 수 있고, 불성을 각성하면 누구나 붓다(견성성불見性成佛)'라는 주장은 모든 인류를 대상으로 하는 인간 존엄의 선언이다. 또 이 수행법은 '마음만 있으면'이라는 전제를 통해, 복잡한 교학 체계의 이해 등을 무력화할 수 있다. 즉 기존의 천태종이나 화엄종과는 논리적 층위가 다른 새로운 관점을 제시하는 것이다. 마치 칸트가 우리의 인식은 인식 대상에 의거하는 것이 아니라, 인식 주체에 입각할 뿐임을 제기한 것과 같다.

316

이 때문에 혜능의 방식을 '육조혁명六祖革命'이라고 한다. 그리고 육조혁명의 시작에 바로 불성사상의 최고 경전인『대승열반경』이 존재한다. 실제로『육조단경』에는 혜능이 법성사法性寺에서 인종 법사가『(대승)열반경』을 강의하던 때, '바람이 움직이느냐, 깃발이 움직이느냐?'의 풍번문답風幡問答을 통해서 등장하고 온전히 출가하는 것으로 되어 있다. 즉『대승열반경』이 강한 상징으로 작용하고 있는 것이다. 이런 점에서 본다면『대승열반경』이야말로 동아시아불교를 대표하는 남종선(선종)을 양육해낸 가장 소중한 밑거름이었다고 하겠다.

물론 혜능의 남종선도 후에는 조사어록祖師語錄이나 종

:
중국 남화선사 육조전의 육조 혜능 진신상.

합적인 전등서傳燈書 등(『경덕전등록景德傳燈錄』·『광등록廣燈錄』·『속등록續燈錄』·『연등회요聯燈會要』·『보등록普燈錄』)이 만들어지면서 난해해진다. 간단명료한 시작점의 초심을 잃고 점점 더 복잡함 속에 매몰되어 표류하는 것이다. 이는 곧 동아시아 선불교의 몰락을 초래하게 된다.

한반도 열반종의 시원,
보덕의 비래방장

한국불교를 정리할 때 '오교구산五敎九山'이라는 말을 하곤 한다. 여기에서 오교는 교종으로 신라와 통일신라에 걸쳐 만들어지는 다섯 종파를 말한다. 이는 각각 ① 열반종涅槃宗(보덕)·② 계율종戒律宗(자장)·③ 법성종法性宗(원효)·④ 화엄종華嚴宗(의상)·⑤ 법상종法相宗(원측계의 도증·순경·태현, 혹 진표)이다.

구산은 선종으로서 교종보다 늦은 나말여초 시기에 시작된다. 이는 ① 가지산문迦智山門(원적 도의)·② 실상산문實相山門(증각 홍척)·③ 동리산문桐裏山門(광자 혜철)·④ 성주산문聖住山門(낭혜 무염)·⑤ 사굴산문闍崛山門(범일 통효)·⑥ 사자산문師子山門(철감 도윤)·⑦ 봉림산문鳳林山門(원감 현욱)·⑧ 수미산문須彌山門(진철 이엄)·⑨ 희양산문曦陽山門(지증 도헌)이다.

한국불교에서 열반종을 개창한 인물은 연개소문 때 고구려를 대표하는 고승 보덕 화상이다. 이는 『삼국유사』 권3의 「보장봉로寶藏奉老 보덕이암普德移庵」을 통해서 확인해 볼 수 있다.

보덕 화상의 정확한 생몰연대는 알 수 없지만, 고구려에서 백제 땅으로 옮긴 시기가 650년 음력 6월이라면,● 자장(생년: 594-599 ~ 몰년: 653-655)보다 늦은 인물임을 알 수 있다.

650년 결성된 나당연합군에 의해 백제가 멸망한 해는 660년, 고구려가 멸망한 해는 668년이다. 보덕이 망명한 완산주(현재의 전주) 역시 전운이 무르익었던 혼란한 시기임을 알 수 있다.

보덕 화상의 망명

고구려의 마지막에 이르면, 제27대 영류왕(재위 618~642) 고건무를 죽이고 연개소문이 실권을 장악하게 된다. 이후 연개소문은 고구려의 기존 귀족 세력을 견제하기 위해 당나라에서 유행하던 도교를 끌어들여 불교를 견제한다. 이로 인해 당시 고구려불교는 상당한 압제에 시달리고 있었던 것 같다. 그러

● 혹은 667년 음력 3월 3일, 650년 6월에 고구려를 떠나 전주에 정착한 것이 667년 음력 3월 3일이라고는 관점도 있다.

다가 666년 연개소문이 사망한다. 이후 고구려는 내부 갈등으로 인한 극심한 혼란에 봉착한다.

「보장봉로 보덕이암」은 당시 고구려불교를 대표하던 보덕이 여러 차례 부당함을 건의하고 시정을 요구한 것으로 되어 있다. 그럼에도 받아들여지지 않자, 마침내 667년 방장을 날려(비래방장飛來方丈) 완산주로 옮겨 간다. 여기에서 '방장'이란, 『유마경』에 유마거사의 방이 4방 1장이었다는 것에 입각한 명칭으로 주지가 거처하는 건물과 주거 공간을 의미한다. 즉 보덕은 연개소문 정권의 탄압을 피해서 고구려불교의 측근 핵심 인사들과 함께 백제로의 망명을 감행한 것이다.

기록에는 자세한 내용이 전하지 않지만, 당시 불교에 대한 억압은 조선 건국 후에 벌어진 억불정책만큼 가혹했던 것 같다. 이는 고구려불교를 대표하던 보덕이 전운이 깊어지고 있던 백제로 망명한다는 점을 통해서 분명한 판단이 가능하다.

이후 고구려는 연개소문 사망 후 2년 뒤인 668년 나당연합군에 의해 멸망한다. 고구려의 멸망은 연계소문계 안에서의 권력 다툼과 이에 따른 분열, 소요가 가장 큰 원인이다. 그러나 우리는 보덕의 망명 기록을 통해서, 전통적인 국교인 불교가 흔들리며 종교적 구심점을 잃게 된 것 역시 한 원인이었음을 짐작해 볼 수 있다. 이렇게 고구려 705년의 역사가 무너지게 된 것이다. 개인의 욕심이 국가의 안정된 기반을 흔들고 700

년 왕조를 무너트린 실로 안타까운 사건이 아닐 수 없다.

불성사상의 유전

보덕이 고구려불교의 최고 고승이라는 점은 고구려에 『대승열반경』이 유행하고 있었다는 것을 알게 해 준다. 「보장봉로보덕이암」에는 1091년에 고려 문종의 넷째 아들인 대각국사 의천이 전주의 고대산 경복사 비래방장(보덕의 추모 공간)에 와서 보덕의 진영을 보고 지은 시가 함께 기록되어 있다.

여기에는 "열반방등涅槃方等(『대승열반경』)의 가르침은 우리 스님으로부터 전수되었네(涅槃方等教傳受自吾師)"라고 하여, 열반종이 보덕으로부터 시작되었음을 분명히 해 주고 있다. 또 의천의 시는 당시에도 고려불교에 열반종이 상당한 세력으로 존재했음을 인지하도록 해 준다.

조선이 건국된 뒤 숭유억불의 과정에서 불교 종파는 교종과 선종을 아울러 당시 열한 곳이던 것이 1406년 국가 권력에 의해 일곱 곳으로 통폐합된다. 『태종실록』권11에는 "조계종曹溪宗과 총지종摠持宗을 합하여 일흔 곳의 사찰만 남기고, 천태소자종天台疏字宗과 천태법사종天台法事宗을 합하여 마흔세 곳의 사찰만 남기며, 화엄종華嚴宗과 도문종道文宗을 합

322

하여 마흔세 곳의 사찰만 남기고, 자은종慈恩宗(법상종)은 서른여섯 곳의 사찰을 남기며, 중도종中道宗과 신인종神印宗은 합하여 서른 곳의 사찰을 남기며, 남산종南山宗과 시흥종始興宗은 각각 열 곳의 사찰을 남기자"는 의견이 제출되고, 태종이 이를 수락했다고 기록되어 있는데, 당시 유력했던 열한 개 종파가 일곱 개 종파로 강제 통합되고, 사찰은 242곳만 남고 파괴되었던 것이다.

그런데 여기에서 언급되는 열한 개 종파 가운데 열반종은 없다. 즉 열반종은 1406년 이전에 주류에서 이탈해 사라진 것이다. 물론 그렇다고 해서 『대승열반경』의 위상마저 무너진 것은 아니다. 이는 『대승열반경』의 불성사상이 선불교(조계종)의 핵심으로 자리 잡고 유전하기 때문이다.

『세종실록』권24에 의하면 1424년 세종은 태종 때의 일곱 종파를 선종(조계종·천태종·총남종)과 교종(화엄종·자은종·중신종·시흥종)의 두 가지로, 242곳의 사찰은 서른여섯 곳으로 재차 축소한다. 즉 본격적인 선교양종의 시대가 시작된 것이다.

이는 이후 선종 중심으로 계승되며, 1941년 오대산 상원사에 주석하던 한암漢巖(1876~1951)에 의해 조선불교조계종이 창종되기에 이른다. 이를 1962년 새롭게 재정비하여 탄생한 종단이 바로 대한불교조계종이다. 이런 점에서 본다면 『대승열반경』은 조계종을 통해 오늘날까지 한국불교의 핵심

:
한암 스님 진영.

을 유장하게 흐르고 있다고 하겠다.

　고려 말부터 오늘날까지 한국불교의 선승들이 가장 선호하는 화두가 '개에게도 불상이 있느냐?'는 질문에 '무無'라 답한 '무자 화두'와 불성에 대한 모색을 의미하는 '이뭣고(시심마是甚麼)'라는 점은 이와 같은 한국불교의 『대승열반경』의 존 상황을 잘 나타내 준다. 즉 한국 선불교의 근본정신에는 『대승열반경』의 사상이 유장하게 흐르고 있는 것이다.

선남자여! 죽음이란, 험난한 길에 노자가 없으며, 갈 길은 먼데 동무가 없는 것. 또 밤낮으로 가지마는 그 끝을 알지 못하며, 깊고 어두운 데 등불이 없는 것. 또 들어갈 문은 없는데 처소만 있으며, 아픈 데도 치료할 수 없는 것. 또 가도 끝이 없고 이르러도 벗어날 수 없으며, 아직 파괴되지 않았지만 보는 이마다 근심하는 것. 또 험악한 빛이 아니나 사람들을 무섭게 하며, 내 몸에 있지마는 미처 깨닫지 못하는 것이니라.

—

『대승열반경』 권11, 「19. 성행품」

선남자여! 지혜 있는 사람은 이 세상은 즐거울
것이 없다는 생각을 닦는다. 그러고는 끝내 죽는
다는 생각을 사유한다. 이 목숨은 항상 한량없는
원수들에게 둘러싸여 찰나찰나 줄어들고 증장하
지 못하는 것이다. 이는 산에 있는 홍수가 머물러
있지 못하고, 아침 이슬이 오래가지 못함과 같다.
또 사형수가 형장으로 나아감이 걸음마다 죽음
에 가까워지듯, 소나 양을 끌고 도살장으로 나아
가는 듯하다. 이것이 우리네 삶의 본질을 관통하
는 속성이다.

―

『대승열반경』권34, 「24. 가섭보살품」

선남자여! 보살마하살이 대승의 대반열반에 머
물면 안팎의 걱정이 사라진다. 이로써 죽음의 왕
마저도 미치지 못하게 되느니라.

-

『대승열반경』권11,「19. 성행품」

사진 출처

- 이 책에 실린 모든 사진의 저작권은 각 저작권자 혹은 단체에 있습니다.
- 사진의 소장처를 확인하지 못하였거나 잘못 기재된 경우 추후 정보가
  확인되는 대로 다음 쇄에 반영토록 하겠습니다.

국립중앙박물관	258, 314
메트로폴리탄미술관	82, 124, 127, 130, 169, 219, 262
문화재청	170
불광미디어	42-43, 74, 84, 85, 90, 91, 107, 108, 109, 120, 267
성보문화재연구원	140
셔터스톡	15, 28-29, 33, 37, 46, 63, 69, 88, 94(下),
	112, 116, 138, 155, 156, 236-237
위키미디어	21, 72, 149, 284, 298, 309
자현	240, 241, 317, 324
통도사성보박물관	48, 49, 54, 55, 83

인생이 흔들릴 때
열반경 공부

2024년 4월 30일 초판 1쇄 발행

지은이 자현
발행인 박상근(至弘) • 편집인 류지호 • 상무이사 김상기 • 편집이사 양동민
책임편집 김재호 • 편집 양민호, 김소영, 최호승, 하다해, 정유리 • 디자인 쿠담디자인
제작 김명환 • 마케팅 김대현, 김선주, 이선호 • 관리 윤정안
콘텐츠국 유권준, 정승채, 김희준
펴낸 곳 불광출판사 (03169) 서울시 종로구 사직로10길 17 인왕빌딩 301호
　　　　대표전화 02) 420-3200 편집부 02) 420-3300 팩시밀리 02) 420-3400
　　　　출판등록 제300-2009-130호(1979. 10. 10.)

ISBN 979-11-93454-79-4 (03220)

값 22,000원

잘못된 책은 구입하신 서점에서 바꾸어 드립니다.
독자의 의견을 기다립니다. www.bulkwang.co.kr
불광출판사는 (주)불광미디어의 단행본 브랜드입니다.